たいくつな理科授業から脱出する本

― これだけは身につけたい理科の授業技術 ―

大前 暁政 著

教育出版

まえがき

優れた理科授業は，必ず，次の3つの点が優れている。

1　ネタ
2　授業の組み立て
3　授業技術

授業は，料理にたとえられる。
　料理には，新鮮なネタが必要だ。新鮮で上質なネタを用意するのに，料理人は特に力を入れる。
　ネタが用意できたら，次にレシピ（組み立て）が必要になる。ネタをどう料理するのかの手順がわからなければ，料理のしようがない。
　最後に，実際に料理するための腕（技術）がいる。料理の腕が劣っていては，せっかくの新鮮なネタも台なしになる。
　授業も同じである。
・料理のネタ＝授業のネタ
・料理のレシピ＝授業の組み立て
・料理の腕＝授業技術
　優れたネタを用意するだけでは，授業は成立しない。
　授業の組み立てがよくても，不十分である。
　ネタを授業化し，組み立てを実行するための，「腕」が必要なのである。

　授業の腕は，どれだけの「授業技術」を知り，使いこなせるかによって決まる。
　しかしながら，若い教師の多くは，理科の授業技術を知らない。
　次のような，アンケートの結果がある。

> 教職5年未満の学級担任の91％が，理科の指導法についての知識・技能が「低い」または「やや低い」と感じている。（平成20年度小学校理科教育実態調査）

　現在，大学で理科の授業技術について教えられることは，ほとんどない。理科の授業技術を知らないままに，授業をしようとするのは，無謀である。授業は，騒乱状態になるだろう。
　子どもたちは，やがて，理科嫌いになる。
　教師も，やがて，理科を教えるのに自信を失う。
　「理科嫌いの教師が，理科嫌いの子どもを生み出す」という悪循環が生まれている。
　PISAなどの国際調査では，高校生の理科に対する興味・関心が他の国に比べて著しく低いという結果が出ているのだ。

　本書では，1章で「授業の組み立て」の基本的な型を示す。
　2章と3章で，理科授業をしていくうえでの「授業技術」を紹介する。
　4章では，理科で特に力をつけたい学習技能を子どもに習得させるための「授業技術」を紹介する。
　授業の腕を上げるためには，次の2つのステップを踏む必要がある。

> 1　技術を知る。
> 2　技術を使いこなす。

　まずは，本書で理科の授業技術を知ってほしい。
　そのうえで，実際の授業で技術を使ってみてほしい。
　技術を知り，技術を使う中で「授業の腕」は磨かれていく。
　授業が変われば，子どもは，理科に熱中するようになる。

2012年3月　大前暁政

目　次

まえがき……………………………………………………………… 2

Ⅰ　理科授業の基礎・基本
　1．理科授業の基本的な進め方…………………………………… 8
　2．理科授業の条件………………………………………………… 12
　3．理科授業で行う3つの活動…………………………………… 15

Ⅱ　すぐに授業で使える「理科授業技術」基礎編
　1．授業の導入の工夫……………………………………………… 20
　2．発問・指示の技術……………………………………………… 22
　3．ノートを美しく書かせる技術………………………………… 29
　4．板書の技術……………………………………………………… 34
　5．子どもの考えを確認する技術………………………………… 40
　6．発言の取り上げ方の技術……………………………………… 43
　7．意見の食い違いを取り上げる技術…………………………… 46
　8．言語力を鍛えるための指導技術……………………………… 50
　9．実感を伴った理解を図る技術………………………………… 56
　10．基礎知識を確実に習得させる技術…………………………… 62

Ⅲ　すぐに授業で使える「理科授業技術」応用編

1. 実験結果を共有させる技術 …………………………………… 68
2. モデル図で表す技術 …………………………………………… 71
3. わかったつもりを防ぐ技術 …………………………………… 76
4. 授業を盛り上げる技術 ………………………………………… 79
5. 特別支援教育に対応する技術 ………………………………… 84
6. 複雑な資料を簡単に読み取らせる技術 ……………………… 89
7. 子ども主体の学習をつくる技術 ……………………………… 92
8. 科学的な思考力を伸ばす単元展開の技術 …………………… 96
9. 授業の失敗を避ける技術 ……………………………………… 99
10. 授業を反省し今後に生かす技術 ……………………………… 102

Ⅳ　学習技能を習得させるための授業技術

1. 詳しく観察する技能 …………………………………………… 110
2. 観察結果を記録する技能 ……………………………………… 114
3. 実験を正確に行う技能 ………………………………………… 118
4. 実験を安全に行う技能 ………………………………………… 123
5. 実験技能 ………………………………………………………… 126
6. 習得した知識や技能をレポートにまとめる技能 …………… 130
7. 疑問を発見する技能 …………………………………………… 136
8. 仮説を立てる技能 ……………………………………………… 140
9. 結果から結論を導く技能 ……………………………………… 144
10. 討論の技能 ……………………………………………………… 150
11. 論述の技能 ……………………………………………………… 154

あとがき ……………………………………………………………… 158

I

理科授業の基礎・基本

1 理科授業の基本的な進め方

POINT 「授業の組み立て」の基本型

「授業の組み立て」で、最も基本となるのが、次の展開である。

> 1　疑問をもたせる。
> 2　仮説を立てさせる。
> 3　実験・観察で確かめさせる。
> 4　結果と結論をまとめさせる。

　最初に「疑問」をもたせることが、極めて大切である。子どもがふだんあまり意識していないような現象を扱うとよい。「あれっ、どうなのかな？」「調べてみたいな」と思わせることができる。

　実験や観察の前には、「仮説」を立てさせる。仮説とは、「疑問に対する自分なりの答え」をさす。疑問に対して、自分なりの答えを考えさせる時間をとる。そのうえで、実験と観察に移る。

　仮説が子どもによって食い違うことが、多々生じる。そんな時、授業は盛り上がる。いったい、どれが正しいのか調べてみたくなる。

　実験や観察の後で、結果をまとめる。結果は、見たまま、起きたままの現象をそのまま書けばよい。

　最後に結論を考えさせる。結論は、結果とは違う。「結果から考えられること」が結論である。

　結果から考えられることなので、子どもによって結論が異なるという場合もある。同じ現象でも、解釈が違えば結論も異なる。そんな時は、話し合いをして、より妥当性のある結論を選ぶようにするとよい。

CASE 4年「もののあたたまり方」での実践例
疑問をもたせる

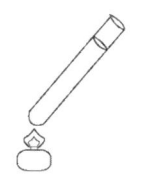

> 試験管に水が入っています。水の「下」を，1分間だけ熱します。
> 水はどこが，お風呂の湯ぐらいに温まりますか。お風呂の湯ぐらいに温まると思うところに，赤で色を塗ってごらん。

お風呂の温度は，だいたい40℃ぐらいであると教える。

ノートに，試験管とアルコールランプの絵を書かせる。

実験の前に，どこまで温まるかを予想させることが大切だ。

予想を確認した後，教師がやってみせる。熱する前に，温度計で，試験管の中の水が何度ぐらいかを示すとよい。

「水温は，今は20℃ぐらいですね。」

アルコールランプの火で，試験管を熱する。

試験管ばさみを使うと，やけど防止になる。

1分後，温度計を入れてみる。

試験管の下も上も，60℃程度まで温まる。

試験管の表面の温度が下がってから，触らせてみてもよい。全体が，お風呂の湯以上に温まることがわかる。

> 試験管の「上」を1分熱します。水はどこが，お風呂の湯ぐらいに温まりますか。
> 予想をノートに書きなさい。

今度は，上だけを温める。

温めている途中で，上の方だけ水が沸騰する。

「先生，上の方だけ，泡が出ている！」と子どもたちは叫ぶ。

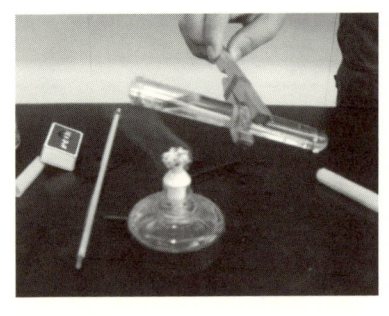

1分後,温度計を,試験管に入れる。
　まずは,冷えている「下の水」から温度を測る。温度は,22℃ぐらいで,ほとんど温まっていないことがわかる。温度計の赤い液は動かない。
「では,上の水の温度を測ってみましょう。」
　温度計を,上に上げる。すると,温度計の赤い液が一気に上がる。60℃ぐらいまで上がる。
「上だけ温かい!」
　子どもたちは口ぐちに言う。
　このあたりが,授業の技術だ。温度計の赤い液が一気に上昇するから,子どもたちはびっくりする。上だけしか温まっていないことが,印象的に理解される。こういった演出が大切である。

仮説を立てさせる

> 温まった水は,どのように広がるのでしょうか。自分なりの説を考えなさい。

　仮説を考えさせる。
「上の方が温まる。」,「温まった水は,上の方にはいくが,下にはいかない。」などの仮説が出るだろう。

実験・観察で確かめさせる

　2時間めに,実験と観察で確かめさせる。
「水の温まり方を調べるための魔法の水があります。」
　サーモインクを紹介する。
　サーモインクを使って,水を温める実験を行う。サーモインクを使えば,約40℃で青から赤に変色する。温まった部分が赤くなり上昇する

様子をはっきり見ることができる。色が変わるのは，40℃ぐらいと教えておくとよい。

　ビーカーに，サーモインクの入った水を入れる。それを，アルコールランプで温める。

　ピンク色に変わった水が，どんどん上に集まる。

　そしてビーカーは，上がピンク下が青と，みごとに分かれる。

　水がどうやって温まるのかに，子どもたちは声をあげて驚く。

4 結果と結論をまとめさせる

　結果をノートに書かせる。どのように温まったかを，「見たまま」，絵で描かせるとよい。

　最後に，結論を考えさせる。

「温まった水は，どのように広がりますか。答えを書いてごらんなさい。」

　このように，まとめられる。

「温まった水は，上の方に上がって，だんだんと全体に広がっていく。」

　ここまでで，子どもたちは次の活動をしたことになる。

1　疑問をもつ。
2　仮説を立てる。
3　実験・観察で確かめる。
4　結果と結論をまとめる。

　これが，理科の学習の最も基本的な流れである。

2 理科授業の条件

POINT 子どもを理科好きにするための授業の条件

理科授業では，次の三つの条件を満たしたい。

> 1 実物を用意する。
> 2 実験・観察の時間を確保する。
> 3 思考場面を用意する。

実物を用意する

理科の授業では，実物をできるだけ用意する。

写真や映像だけでなく，本物を用意して，見せたり，触らせたりすることが大切だ。

例えば，雲の学習。

雲の映像をいくら見せたところで，「雲」というものは理解できない。

雲をつくる機材を用意し，雲をつくって触らせてみると，「こういうものが雲なのか」というのが，たちまち理解できる（写真は，ケニスの雲発生実験セット）。

3年「磁石の学習」で，磁石の種類をいろいろと紹介するなら，教材店で，世界最強の磁石も購入す

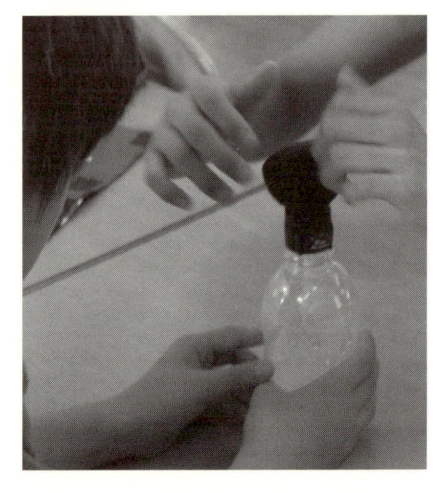

る。世界最強の磁石は,「ネオジム磁石」である。そんなに高い買い物でもない。3000円程度で購入できる。

地層の化石を学習したときには,本物の化石が入った石を用意したこともある。ハンマーで砕きながら,クラス全員で探した。貝の化石が出てきた時の感動ははかり知れない。

3年では,昆虫の学習がある。この時,私は,カブトムシの幼虫・さなぎ・成虫を全て用意した。実際に触ってみることで,気づくことがたくさんある。例えば,カブトムシの幼虫は,カナブンなどの幼虫に比べると,格段に大きい。顎も立派で,てのひらにのせている時に,かみついてくる。こういった生の体験で気づくことが,山ほどある。たっぷりと,幼虫やさなぎに触れさせる時間をとることが大切だ。

といっても,中にはなかなか用意できないものもある。

実物を用意するために,大学や博物館を利用して一時期借りるというような手段もある。

また,知り合いや親戚などの,つてを頼ることもある。

実物を用意するのは,労力がかかる。しかし,その分だけ子どもの大きな感動を生み出すことができる。

実験・観察の時間を確保する

実験と観察を,なぜ行うのだろうか。

答えは,「疑問を解決するため」である。なんらかの疑問があり,その疑問を解決するために,「観察・実験」を行う必要があるのだ。
　疑問をもたせ,「解決したい」,「確かめてみたい」と思わせる。確かめる方法を考えさせ,実験や観察で確かめさせる。この一連の流れが,科学を学ぶことだと言える。
　実験と観察は,理科の醍醐味である。教科書を読むだけで,知識が身につくのではない。
　教師の一方的な説明だけで,知識を詰め込んでも,あまり意味はない。すぐに忘れられていくからである。
　実際に実験や観察をしてみて,やっと印象的に知識を学ぶことができる。知識や技能を定着させていくためにも,実験・観察を通して,学習を進めたい。

3 思考場面を用意する

　理科の授業において,思考する場面はどんな場があるか。

1　疑問を発見する場面
2　気づきを発見する場面
3　解決方法を考える場面
4　結果をまとめる場面
5　結論を考える場面

　これらの思考場面が,そのまま科学を学ぶ手順となっている。
　思考場面が保障されているかどうかを,私は理科授業の成立の条件として考えている。
　機械的に実験・観察をさせているだけでは,考える場面を保障しているとは言えない。
　子どもは頭に汗をかくぐらいに考えているかどうか。その視点で授業を評価するようにしている。

Ⅰ　理科授業の基礎・基本

3 理科授業で行う3つの活動

POINT 理科授業で行う3つの活動

理科授業を組み立てるうえで，大きく次の3つの活動を意識している。

```
1  習得
2  活用
3  探究
```

習得

「習得」とは，子どもになんらかの知識や技能を習得させることを意味する。

習得に重点を置いた授業では，基本的に，教科書どおりに実験や観察を行うようにする。自分で実験方法を考えることが難しい場合や，実験方法が一つしかない場合など，教科書どおりに授業を進めた方が，展開がスッキリする。

実験の技能の習得では，何度も繰り返し実験道具を使用する機会を確保することが大切だ。

顕微鏡の使い方だって，一度使わせただけでは習得させたとは言えない。何度も使う機会を保障するから，子どもたちは，だんだんと顕微鏡を使いこなせるようになってくる。

習得を確実にさせるためには，次の点が大切だ。

```
教師が教えて，助言し，ほめること。
```

必要な知識や技能はどんどん教え込むべきである。

顕微鏡の使い方を考えさせてもしかたない。教師が使ってみせ，やり方を説明し，子どもに使わせてみる。そして，説明した内容が，きちんと習得できているかをチェックする。もしも，使い方をまちがっていたら，助言する。

最終的には，全員が使える状態になって，ほめて終わるのがよい。

📄 活用

「活用」とは，すでに学習した知識や技能を使って，課題を解決させていくことを意味する。

例えば，てこの原理を教えた後に，身のまわりの物で，てこを利用した物を探させる。ペンチやくぎぬきはどこが力点で，どこが支点なのかを考えさせることも行う。

習得した知識と技能を使って問題を解決する活動を，単元の中で用意するとよい。

📄 探究

「探究」とは，子どもが自ら課題を設定し，自分で考えた方法で解決していく活動を意味する。

課題を設定するためには，疑問をもたせる必要がある。

疑問をもたせるためには，先だって体験をいろいろとさせていく必要がある。体験のあとで子どもの意見の食い違いを取り上げたり，不思議に気づかせたりしていくようにする。

探究活動で大切なのは，自分で解決方法も考えさせることだ。

解決方法をなかなか思いつかなければ，ヒントを与えればよい。

子どもが自分の力で解決していくという態度や力を養うのも，理科の学習の一つの目的である。

習得・活用・探究の区別

　習得・活用・探究の活動は，同じ1時間の授業で行われることもある。また，はっきりと分けることのできない面もある。

　例えば，「今までの知識を活用して，なんらかの問題を解決していく場面」。これは，活用を主な目的として授業をしているのだが，知識や技能を「活用」することで，知識と技能がより「習得」される場合もある。

　習得・活用・探究は，はっきりと区別できない面もあるが，教える側の教師は，その授業でどの活動を主な目的としているのかを意識しておくべきである。

　「習得」を主な目的としているのなら，教師の出番は多い。教師が前面に出て，教えていく必要があるだろう。

　「活用」を主な目的としているなら，教師の出番は，習得の授業よりは減っていく。そのかわり，「どの知識や技能を手がかりとして」，「どんな課題を解かせるのか」ということを，教師が意識しておかなくてはならない。

　「探究」の授業では，教師の出番はさらに減る。子どもに任せる場面が増える。思いきって，実験を子どもに任せることも必要になってくる。

　習得・活用・探究のどれを主な目的として授業を行うのかによって，教師の教育行為が変わってくるのである。

II

すぐに授業で使える 「理科授業技術」 基礎編

1 授業の導入の工夫

POINT 導入のつかみが授業の成否を左右する

授業の導入では，子どもに「疑問」をもたせるようにする。

> 導入で「本当はどうなのだろう？」「なぜだろう？」と思わせる。

では，疑問をもたせるためには，どうすればよいのか。

子どもは素朴概念をもっている。

素朴概念とは，「日常の経験から学んだ，自然現象に対する理解」のことである。子どもたちは，それまでの経験で得た知識で，自然現象を捉えている。

その素朴概念を前提にした時に，「本当はどうなのだろう？」「なぜだろう？」と思う課題から授業に入るようにする。

「調べてみたいな。」と思わせれば，授業での導入は成功である。

CASE 導入のつかみの実践例

🗒 一つしか揺れない不思議なふりこ

地震の授業の導入である。

糸の長さの違う「3つのふりこ」を用意する。

「揺らします。どう揺れるかな？」

子どもは3つとも同じように揺れると考えている。

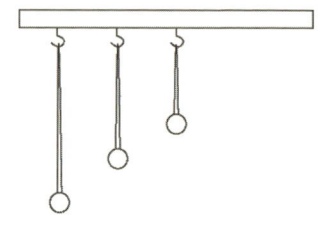

まずは，教師が揺らしてみる。すると，1つしか揺れない。

「えっ!? どういうこと？」と不思議な顔をしている子どもたち。

次に子どもにもやらせてみる。揺れ方は，糸の長さによって異なる。糸の長さによって，揺れやすい揺れ方があるのだ。
「物には，揺れやすい揺れ方があります。」
こう言って授業を始める。
その後，地震の映像を示す。建物の揺れやすい揺れと，地震の揺れとがぴったり合ってしまったために，倒れていくビルや橋の映像を映す。
子どもたちは，「建物によって揺れ方が違うこと」に驚く。
地震対策を調べていくと，地震の揺れと建物の揺れやすい揺れ方が合わないように，さまざまな工夫がなされていることがわかる。

7 雲を触ったらどうなるのか

5年「雲と天気の変化」の学習。「雲」が天気と大きく関係していることを調べる。
導入で問う。
「雲を見たことある人？」
全員が手を挙げる。
「では，雲を触ったことがある人？」
これは，少ない。ちらほらと手を挙げる。
「雲って何だろう。」「触ったら，どうなるのかな。」
と疑問をもたせる。ここで，すかさず言う。
「これから，雲をつくります。」
子どもたちは，一瞬きょとんとする。そして，やんちゃな子が叫ぶ。
「どうやって??」「雲ってつくれるの？」
雲をつくる教材を使って，ペットボトルの中に雲をつくらせる。ペットボトルの中で，白い雲が揺れる。ペットボトルを開けると，雲に触れることができる。雲に触れることで，雲が水だということがわかる。
雲が天気に関係していることを，教えていく。
このように，導入の疑問が，そのまま授業の柱になるようにしていく。導入の疑問を解決させることで，教えたい知識と技能を身につけることができるようにする。

2 発問・指示の技術

POINT 発問と指示で気をつけたいこと

よい発問とは

　発問には，よしあしがある。
　次の発問は，悪い発問の典型である。
「種は，どのようにできますか。」
　5年「花から実へ」の学習の導入で，この発問をする。
　すると，子どもたちは，沈黙してしまう。
　なぜなら，何を尋ねられているかが，「意味不明」だからだ。
「受精の仕組みを答えればよいのか？」
「それとも，花が咲いて種ができるという簡単な答えでよいのか？」
　尋ねられている内容がはっきりしないので，答えようがないのである。

> 意味不明な発問を避ける。

　仮に，子どもが，この発問の意図を読み取ったとしよう。
　発問の意図は，「受精の仕組み」を尋ねているものだとする。
　仮に子どもが発問の意図がわかったとしても，やはり，この発問に答えることはできない。
　「受精の仕組み」を知らないと答えられないからだ。
　「受精の仕組み」に「自然と」子どもが気づくのは，困難である。
　知っている子しか答えられないような発問や，答えが一つしかないような発問をしていると，子どもはだんだん挙手しなくなってくる。知っている一部の子だけが発表するようになる。

> 一部の子しか答えられない発問を避ける。

　例えば,「予習していないと答えられない発問」を避ける。
「知らないと,答えようのない発問」を避ける。
　できるだけ,全員がなんらかの答えを思い浮かべることのできる発問を考えるべきである。
　「種はどこにできますか。」なら,きかれていることがはっきりする。
　それに,正確に知っていなくても,「植物のどこか」なのだから,「このあたりだ」と答えを予想することはできる。「花の根もと」とか,「茎と花との間」とか,いろいろな答えが出るだろう。
　「いろいろな答えが出るような発問」,「どの答えが正解かわからないような発問」で授業を組み立てるべきである。

指示の出し方

　指示にもよしあしがある。
　だめな指示は,とにかく言葉が多い。
　言葉が多くなると,一回の指示に一つも二つも内容が含まれてくることになる。

> 指示は,たった一つのことだけを短く言う。

　発問の後にも,指示をすることがある。
「○○は何ですか。(発問) ノートに書きなさい。(指示)」
「○○をどう考えますか。(発問) お隣さんと相談しなさい。(指示)」
　全員に考えさせたい発問の後では,考える時間を与えたい。
　考える時間を与えるための指示を,発問の後に入れるとよい。

CASE 高学年に行った発展学習における発問・指示の例

「生物多様性」を授業する

6年生に，生物多様性の大切さを理解させる授業を行った。

ポイントは，授業の中で「話し合い活動」を入れたところである。「人間にとって，害のある生物まで守っていてよいのか」を話し合わせる。

すると，次のような意見が出る。

「害のある生き物はいなくてもいいのではないか。」

このように，一度いろいろな角度から意見を出させることが，生物多様性の意味に気づかせるうえで，大切だと考えている。

単元構想

単元計画を次に示す。

【第1時】生物多様性の定義と，なぜ生物多様性が大切なのかを知る。
【第2時】過去の生物絶滅の原因を知る。
【第3時】生物多様性が失われている現状と，原因は何かを知る。
　①人間の活動が引き起こす問題。
　②環境の変化が引き起こす問題。
【第4時以降】生物多様性を守るための取り組みを調べる。

以下，第1時の授業を紹介していく。

多様な環境があることを教える

> 地球には，どんな環境がありますか。

いくつか例を出させた。

まず，「海」が出た。

「そうですね。地球には海があります。月にはありませんね。火星にも

ありません。地球には海という環境があるのです。」
　二つめに,「砂漠」が出た。砂漠の砂を見せると,子どもたちは驚く。赤茶けた本当にサラサラした砂である。

> 思いつく環境をノートに書きなさい。

「六つ書けたら合格です。」
と告げた。子どもたちは,次のような環境を出した。
　「森」「大陸」「北極」「南極」「島」「空」「湖」「池」「山」。
　まだあるよ,と言うと,さらに出た。
　「火山」「ジャングル」「洞窟」「温泉」「海底」「草原」である。

3 環境によって生き物が違うことに気づかせる

> 　地球上にはたくさんの動物や植物がいます。草原にはどんな動物が住んでいるのでしょうか。
> 　今から,アフリカの映像が映ります。どんな生き物が出てくるか,探してごらんなさい。

　アフリカの動物たちを紹介したビデオを,15秒に縮めて紹介した。多くの動物が映っている。
「どんな動物がいましたか。」
　ライオン,ゾウ,キリンなどが出された。

> 海にはどんな動物がいるでしょうか。また映像が映ります。

　海にいる生き物を紹介したビデオを映した。これは,24秒に編集しておいた。
「どんな動物がいましたか。」
　クジラ,鳥,魚,微生物などが出された。

> 次の生き物はどこに住んでいるでしょうか。

- ラクダ　　　　　　→　乾燥した大陸
- チョウチンアンコウ　→　深海
- ペンギン　　　　　　→　南半球の寒いところ
- ピラニア　　　　　　→　温かい川

「場所によって，住んでいる生き物が違います。例えば，ペンギンは，南半球にいて，北極にはいないのです。

地球には，いろいろな環境があり，いろいろな生き物が生きています。そして，生き物とは，動物，植物，微生物の全てをひっくるめます。」

3 同じ種でも違いがあることを教える

> 似たような生き物でも違いがあります。
> 例えば，テントウムシ。テントウムシの食べ物はなんですか。

3種類のテントウムシを提示した。

子どもたちから，「テントウムシはアブラムシを食べる。」と答えが返ってきた。

ところが，テントウムシは，種類によって別の食性をもっているのである。

- 七星テントウ　→　肉食
- 十星テントウ　→　草食
- 白星テントウ　→　菌類を食べる

「地球上には，いろいろな自然があり，その自然の中に，たくさんの生き物がいます。似たような生物にも違いがあります。

さまざまな環境があり，さまざまな生き物がいること。これを，生物多様性といいます。」

🧪 生物多様性の恩恵は何か

> いろいろな生き物がいると，人間にとってよいことがあります。どんなよいことがありますか。ノートに書きなさい。

「植物が二酸化炭素を吸収して酸素を出してくれる。」
「いろいろな生き物がいると，自然が豊かで楽しめる。」
「人間の食べ物として，いろいろな生き物が必要だと思う。」

🧪 いなくてもいい生物はいるか

> いなくなってもいいという生き物はいますか？

　賛成と反対とで，子どもたちの意見は二つに分かれた。
「いない方がいい」という生き物の例として，蛇や蚊が出された。
　3分ほど，班で話し合わせた。どの子も活発に意見を交換していた。

🧪 危険なオオカミがいるという恩恵

> 　アメリカのイエローストーン国立公園でのお話です。この森に，オオカミとシカが住んでいました。オオカミは家畜や人間を襲うので危険でした。あるとき，オオカミを駆除することが決定しました。オオカミは，公園内に1匹もいなくなりました。
> 　さて，この後，どういうことが起きたでしょうか。

「シカが増えた？」
「他の動物も増えた？」
「天敵がいなくなったので，まず，シカが増えました。次に，増えたシカによって，植物が食い尽くされました。そして，食べるものがなくな

りました。その結果,増えたシカの多くが餓死しました。
　どこかの生き物がいなくなると,つながっている生き物にまで影響が出ます。そして,植物とオオカミは直接つながっていません。重要なのは,直接つながっていなくても,影響が出るということなのです。」

> どうしたら,元の自然に戻りますか。

　結局,オオカミの再導入が行われたという話をした。子どもたちからは,驚きの声があがった。
「この生物は人間に害があるからといって,絶滅させようとすると,思わぬ被害が出ることがあるのです。」

思わぬ恩恵が得られることもある

> 一見人間にとって怖いものでも役に立っています。

　ヒルからできた薬を紹介した。ヒルから,血液が固まるのを防ぐ液体がとれる。それを利用して,血液が固まる病気を治療できるのである。
　授業後に,感想を書くように指示した。子どもの感想を紹介する。
「地球には,生物多様性があり,どんな生き物でも,必要と思った。いなくなると,バランスが崩れてしまう。」
「場所によって住んでいる生き物が違うことがわかった。地球にいる生き物は,みんな必要な生き物で,一種類でもいなくなると,他の生き物も死んでしまう。」

参考文献
「生物多様性100問」福岡伸一監修,盛山正仁著,木楽舎,2010
「生物多様性の基礎知識」草刈秀紀編著,日刊工業新聞社,2010
「地球の声がきこえる」藤原幸一著,講談社,2010

初　出
「授業づくりネットワーク」2011年3月号,大前暁政論文

3 ノートを美しく書かせる技術

POINT 美しいノートが書けるようになると学力も向上する

美しいノートを書かせるために，最も大切なのは，次の点である。

> 丁寧に書く。

私の場合，次のように言っている。
「1マスに1文字書きます。マスからはみ出ないように大きく書きます。」
「丁寧さ」を徹底することで，ノートは，劇的に美しくなる。
　丁寧とは，「きれいな字」ということではない。発達障害のある子の中には，手先が不器用な子もいる。きれいな字は，なかなか書けないかもしれない。しかし，「丁寧に」書くことはできる。自分のもてる力で，ゆっくり同じ大きさの字を書けばよいのだ。ノート指導をする際，絶対に妥協してはいけないのが，この「丁寧さ」である。
　丁寧さを要求した上で，次の4つを意識させたい。

> 1　定規を線で引く
> 2　行間をあける
> 3　図や絵を使う。
> 4　色分けを行う

　線は，定規を使わせる。観察ノートの枠や，グラフを書く際など，定規を使う場面は多い。
　また，ノートはゆったり使うと見やすくなる。ぎちぎちに詰めて書かせるのではなく，適度に1～2行ほど行間をあけながら，書かせていく。

9 2 1

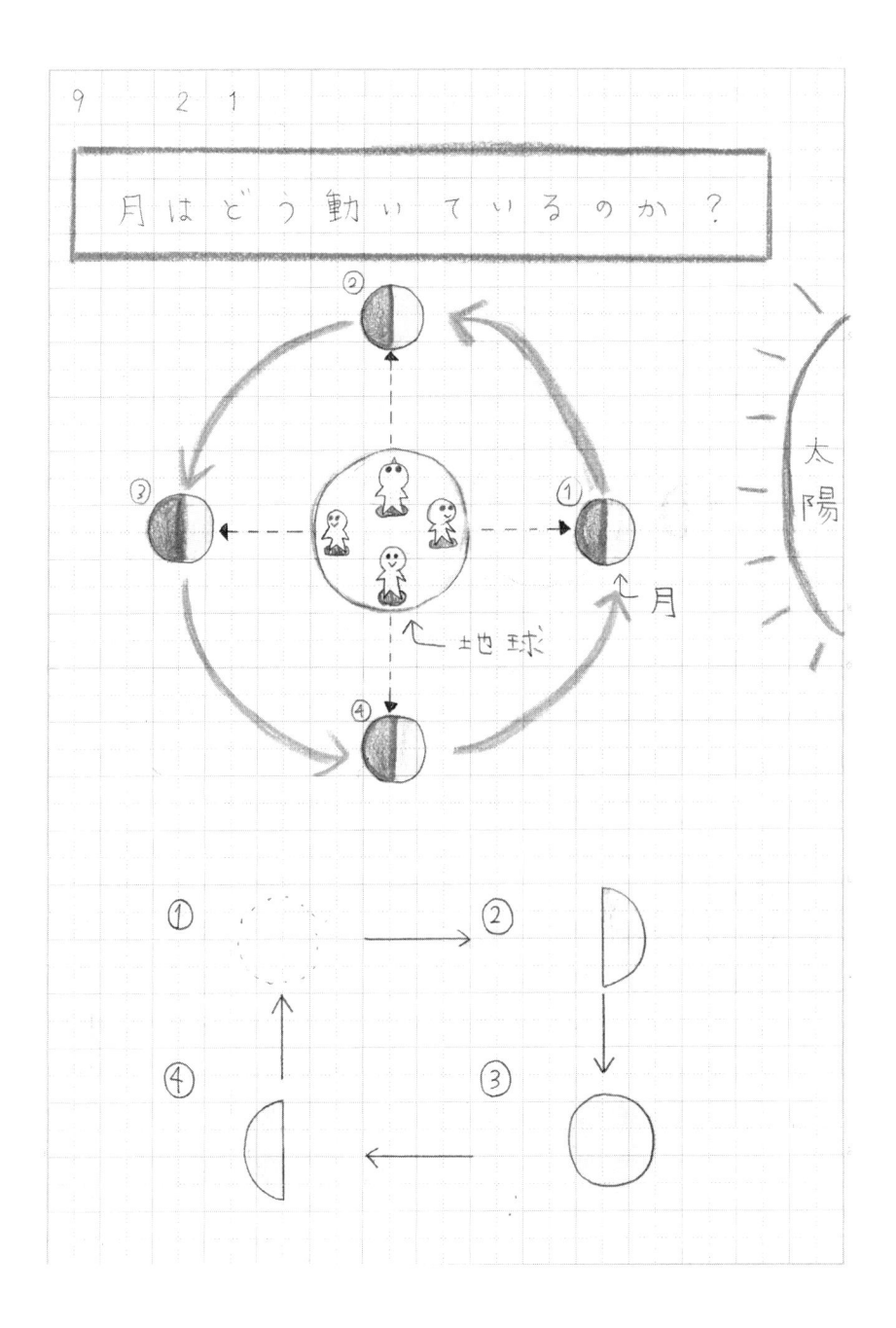

月はどう動いているのか？

地球
月
太陽

絵や図を使うのも，ノートづくりでは大切だ。後で見て，「見やすいな。」「美しいな。」と感じられるものにするには，絵や図が必要だ。

色分けも，子どもに工夫させる。大切な言葉や文は，赤や青で色をつけさせる。絵や図に色を塗ってもよいことにしている。

これら4つのノート技能は，教師が板書をしつつ，その都度教えていくようにすればよい。

丁寧なノートを継続させるためのポイントは，「教師によるノートチェック」である。以下，ノートチェックのやり方を紹介する。

CASE ノートチェックでどの子も美しいノートになる

1 授業中にノートを確認する

授業中，1度はノートのチェックを入れるようにしている。
このとき，次のポイントを守るとよい。

1　絶対に列を作らせない。1人数秒でテンポよくまるをつける。
2　しっかり書けた子を，力強くほめる。
3　丁寧でないノートはやり直しを命じる。もっとこうしたらよくなるというアドバイスもする。

例えば，「自分の考えをノートに書いて持ってきなさい。」と指示する。
子どもたちは，次々とノートを持ってくる。それを，1人3秒ぐらいで，さっさとまるをつけていく。

ノートを見るのも，指導の場である。数秒でノートを見るときに，アドバイスを送ったほうがよいと判断したら，しっかりアドバイスを送る。

私の場合，最初のほうに早々と持ってきた子に対して，アドバイスを送ることが多い。しかも，みんなに聞こえる声で言う。
「図は，大きく描くほうがいいよ。ノートいっぱいに描いてごらん。」
「字がマスからはみ出ています。はみ出たところは消して直してきなさい。」
「字がくずれています。ゆっくり書いてごらん。」

このように，指導することで，ノートは変わっていく。

最初にノートを持ってきた子に対して指導をすると，後の子どもは，ノートを丁寧に詳しく書いて持ってくる。

そうなると，「なるほどね！」とか「よくわかった！」などと言って，ほめるだけでよい。ほめながら，超スピードでノートを見て，まるをつけていく。持ってくるときは，一方通行で持ってこさせる。その方がスムーズに席に帰ることができる。

ノートを持ってくる場面は，さまざまである。
「実験方法が書けたら，持ってきなさい。」
「準備物が書けたら持ってきなさい。」
「気づいたことや疑問を箇条書きにします。3つ書けたら持ってきなさい。」

全員分のノートに，まるを入れていく。見られるというだけで，子どもたちは丁寧にノートを書こうとするものだ。

3 授業後にノートの評定を行う

授業の終わりに，次のように指示する。
「今日の授業で，わかったことや疑問をノートに書きます。書けたら持ってきなさい。」

今日の授業でわかったことをひと言でまとめさせる。疑問がある子もいるので，疑問を書いてもよいことにしている。

書けたら，赤で囲ませる。そして，できた子どもから持ってこさせる。

囲みの線を定規で引いていない子には，「やり直し」と告げる。

ノート全体を見て，「丁寧でないノート」は，やはり「やり直し」と告げる。

美しいノートとなっていたら，花まるをする。

普通に合格なら，まるだけをする。

定期的に評定を入れるとよい。

合格は「Ｂ」。特に丁寧なら「Ａ」。やり直しは「Ｃ」である。

極めて丁寧なら「ＡＡ」。みんなの見本となるなら「ＡＡＡ」をつける。

丁寧なノートは,ときどき,学級通信などで紹介する。
　そうすることで,丁寧なノートのイメージを子どもにもたせることができる。

3 班でまとめて持ってこさせる

　実験や観察など,活動がメインの授業では,班によって活動の終了に時間差ができることがある。
　そんな時は,次の指示をする。
「ノートは,班でまとめて提出しなさい。」
　この指示が,大切だ。
　やんちゃな子の中には,実験に夢中になっていて,ノートをとるのを忘れる子もいる。この指示を聞いて,急いでノートをとり始める。
　しかも,次のようなルールにしておく。

> ノートが合格した班から帰ってもよい。

　全員が丁寧にノートを書いていたら,はじめて合格である。
　1人でも丁寧でないノートの子がいたら,その班は不合格になる。
　どんなやんちゃな子も,ノートを書くのが嫌な子も,一生懸命ノートを書くようになる。班の人が教えてくれるし,はっぱをかけてくれる。
　特別支援を要する子どもも,丁寧に,丁寧に,ノートを書く。
「先生,俺,丁寧に書いたつもりなんだけどだいじょうぶ?」
「もちろん合格です! 花まる!」
　一生懸命書いたかどうかは,見ればすぐわかる。
　特別支援を要する子の中には,字がどうしても崩れてしまう子がいる。そんなとき,本人ががんばっているのであれば,合格としてやりたい。
　教師が毎回ノートチェックをするから,子どもたちにノートを毎回丁寧に書こうとする習慣が生まれてくる。定期的な評定で,緊張感が増す。がんばった子は,ほめられることで,努力を認められる満足感が得られる。

4 板書の技術

POINT　どの子もわかりやすい板書にするために

教師の板書で，私が最も大切にしているのは，次である。

> シンプルな板書を心がける。

子どもたちの中には，情報が多すぎると混乱する子がいる。ADHDなどの発達障害のある子など，板書がややこしいと，どこに何を書けばよいのかわからなくなって，ノートがぐちゃぐちゃになってしまう。

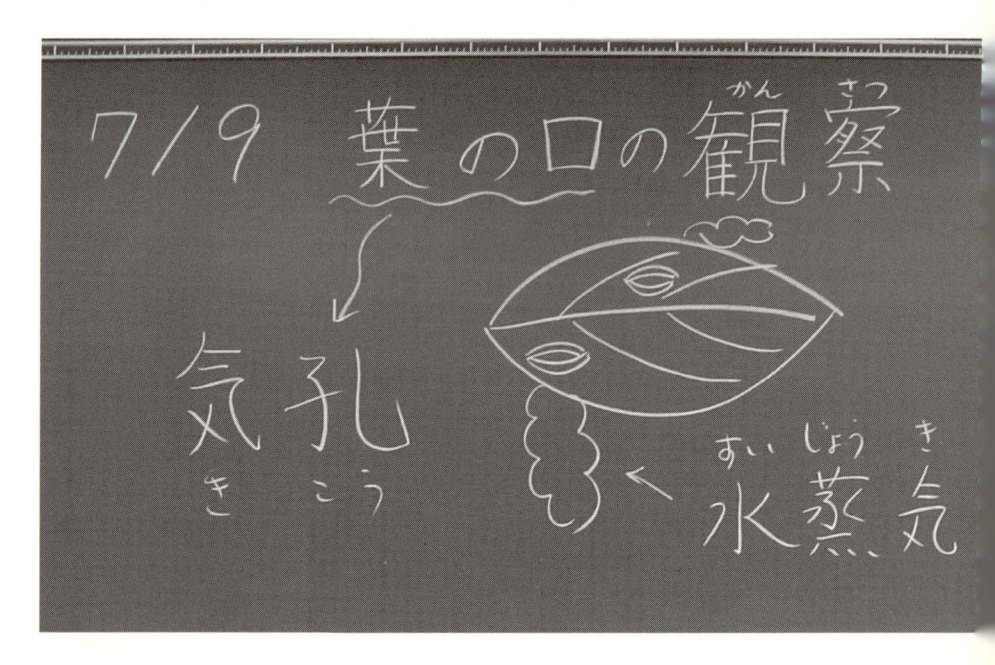

写真のように，今日何をするのかを，「明確な言葉」で，「短く」書く。「葉の口の観察」をするということが，全員に理解される。

文字も大きくし，黒板に余計な情報は書かない。

実験方法など，必要な情報だけを書く。

どうしても，黒板に書く内容が多くなったときは，子どもがノートに板書を映したのを確認してから，板書を消すようにしている。

また，絵や図もよく使う。

子どもたちは，教師の絵や図をまねして，ノートに写す。

絵や図で表現されるから，実験や観察のイメージがつかめるという子もいる。

大切な言葉や文章は，色をつけて，目立つようにしている。

色鉛筆で塗ってもいいことにしているので，カラフルなノートに仕上げている子もいる。

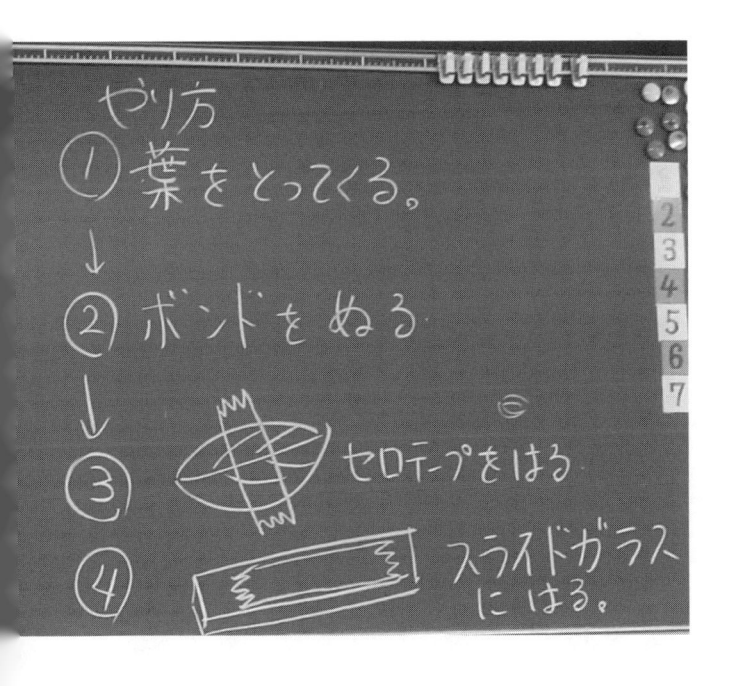

CASE 板書の基本とは

📖 オーソドックスな板書

毎日の授業でよく板書する内容は，次の6項目である。

```
1  課題
2  課題に対する自分なりの考え（仮説）
3  実験方法
4  準備物
5  結果
6  結論
```

この中で，最低でも次の三つがあれば，板書は成立すると考えている。

```
1  課題  /  3  実験方法  /  5  結果
```

「課題に対する自分なりの考え（仮説）」や「準備物」，「結論」は，子どもに考えさせ，ノートに書くように指示するだけでもよい。ただし，4月初期には，ノートづくりに慣れていないので，これらを含めた6項目を全て板書することが多い。

また，考えるのが苦手な子や，学習が苦手な子がいる場合には，毎回，

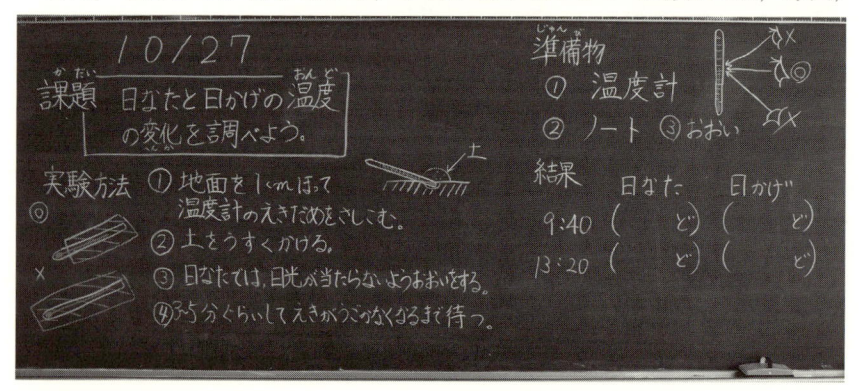

Ⅱ　すぐに授業で使える「理科授業技術」基礎編

全てを板書することもある。だが，2学期ぐらいから，だんだんと板書の量は減ってくる。これが実感である。

シンプルな板書

6年「太陽と月の形」の導入の授業である。
本日の学習内容を，まずは書く。

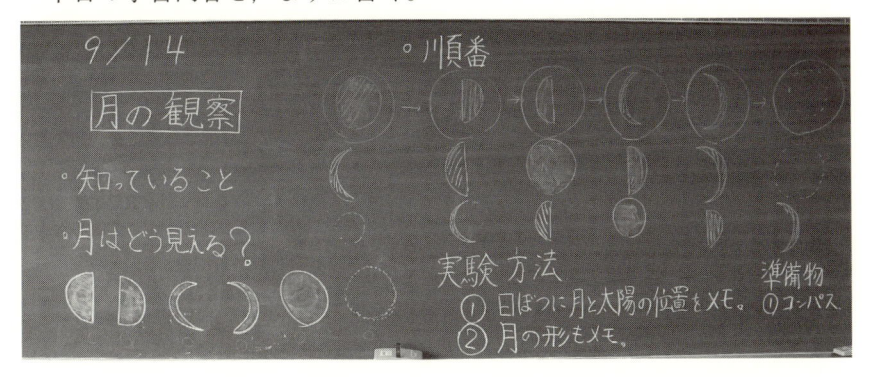

「月の観察」である。
そして，黄色で囲む。
誰が見ても，学習内容がわかるようにする。これから「月の観察」をしていくのだということをはっきりと示す。
「月について知っていることをノートに箇条書きしなさい。」
「書けた人から，発表しなさい。」
子どもたちは，次々と立って発表する。
　・昼間でも見える。
　・太陽と違って，クレーターがある。
　・月の形は，いろいろと変わる。
これをいちいち板書することはしない。子どもたちには「大切な意見だと思ったらメモをするように。」と言ってある。発表の後，板書をするだけで，授業のテンポが落ちる。まのびする。合計10個も20個も意見が出ているのだから，全部板書しようとすると時間がかかりすぎる。

37

意見が出つくした後で，次の発問をする。
「月はどう見えますか。」
　発問は，黒板に書く。これは極めて大切なことだ。
　発問をきちんと黒板に書いているから，学習が苦手な子も「今何をやっているのか？」を理解できる。ノートに写すこともできる。
　発問してから，いろいろな月の形を板書した。
　すると，子どもたちはつぶやいた。
「この形の月は見たことがあるよ。」
「こんな形の月って，あったっけ？」
「左の三日月と，右の三日月はどっちが正しいのだろう？」
　子どもたちは，板書を見ながら考える。
　黒板に書くことで，思考場面が生み出せることになる。
「これらの月は，全て見ることができます。」と説明。
「へ～，そうなんだ！」との反応。
「では，この月を順番に並べるとしたら，どうなりますか。ノートに書きなさい。」
　ノートに書けた子から，発表させた。
　いろいろな順番が出た。
　新月から始まって，左から太ると考えた子もいたし，右から太ると考えた子もいた。
　最初が違うだけで，実は順番が同じという人もいた。黒板に書いてみると，よくわかる。
　意見が食い違っていたのは，「左から満ちるのか」「右から満ちるのか」，ということだった。
　意見の食い違いが見つかると，教室は興奮に包まれる。
「いったい，月はどのように満ちるのだろう？」
　実験方法と準備物は，必要最小限のことだけを板書した。教科書に，実験方法と準備物が書いてあったからである。細かなことは教科書を見ながら確認した。また，実験手順でどうしてもメモしたいところがあれば，「教科書を見て，写しなさい。」と指示した。

図を大きく強調して描く

　図だけ大きく描くこともある。
　例えば，5年「電磁石」の授業。
　次の課題で授業を行った。
「乾電池の＋極と－極についている導線を剥がして，反対につける。電磁石の極は変わるか？」

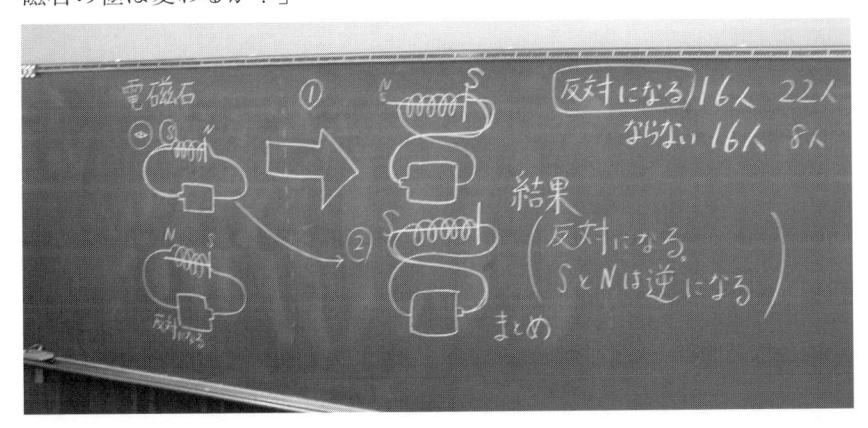

　私は，一度実物を使って，やってみせた。
　実物の乾電池と電磁石，そして導線を使って，「このようにつなぐのですよ。」と全員に見せたのである。
　そして，「極は変わるか」と尋ねた。
　このときは，図だけを黒板に描いて，発問などをメモするのは子どもに任せた。
　図があれば，今何をしているのかは，理解できるということもある。

5 子どもの考えを確認する技術

POINT　子どもの認識の程度で授業の展開は変わる

　理科では，子どもが今どういった理解をしているのかを把握しておくことは極めて大切である。

　ある子は，今までの生活経験で得た知識を使って理解しているだけかもしれない。もう少し理解している子は，今までの生活経験に加え，参考書などで学んだ知識を使って理解しているかもしれない。さらに深く理解している子は，頭の中に，自然現象に対するなんらかのイメージがわいているのかもしれない。それぞれの子がどういった理解をしているのかを，授業の中で確認していく必要がある。

　子どもの考えを知り，授業を修正することだってある。単元の計画を変えなくてはならないことだってある。

　次のことを意識するだけで，ずいぶんと授業は変わる。

> 授業中，一度は，子どもの考えを確認する場を確保する。

　子どもの考えを確認するための具体的な方法を，以下紹介していく。

CASE　授業の中で子どもの考えを確認するてだて

1 ノートを授業中に確認する

　子どもたちに指示を出す。
「自分の考えをノートに書きなさい。書けたら持ってきます。」
　早く書けた子から持ってこさせる。そして，ノートにまるをつける。
　これで，全員の考えを知ることができる。

考えをノートに書かせる際のポイントは，次である。

> 詳しく書かせる。

次のように詳しく書いている子をほめていく。

> 1　理由がたくさん書けている。
> 2　絵や図を使って書けている。
> 3　主語や述語がはっきりとした文章になっている。

　ノートを見て，主語がなかったり，言葉足らずだったりしたら，「ここはどういうことかな？」などと尋ねるとよい。子どもは自分でわかっているので，説明をしてくれる。「なるほど。そういうことか。わかった。」と言い，「今説明したように，詳しく書いてごらん。」などと指示する。
　ノートに考えを書かせているときには，「3行ぐらいで書いた気になっちゃいけないよ。」などと，子どもを「あおる」こともある。高学年などは，あおられると，急にがんばり始める子も多い。
　子どものノートを見る場合は，次の点に気をつける。

> ノートを見せたら，次に何をするのかを指示しておく。

　例えば，「図に色を塗っておきなさい。」でもいいし，「さらに詳しく書ける人は書いておきなさい。」でもいい。終わったら何をするかを示しておけば，ノートを見せにきた後でも，空白の時間は生じない。

③ 子どもに自分の意見を板書させる

　子どもの考えを全員に共有させたいときには，子どもに自分の考えを板書させるとよい。
　ノートに自分の考えを持ってこさせ，まるをつける。
　次のように指示する。

「早く書けた人は、黒板に自分の考えを書きなさい。」

教師は、あらかじめ黒板を8分割ぐらいにしておく。

理由を文章で書かせるならば、縦に板書できるように、点を打っておく。

書く場所がはっきりすると、子どもは板書をスムーズに行える。

子どもたちは、黒板に板書し始める。

遅くノートを持ってきた子には、次のように指示する。

「自分の意見が黒板に書かれていなければ、書きに行きなさい。」

これで、全ての種類の意見が出つくすことになる。

黒板に書ききれなかった場合には、次のように指示する。

「黒板に書ききれない意見は、後で発表してもらいます。」

どの意見に賛成なのか、名前の磁石を貼らせる

子どもの考えが、いくつかに分かれることがある。

そんなときは、次のように指示する。

「どの意見に賛成ですか。自分の名前磁石を貼りなさい。」

誰がどの意見に賛成なのかすぐにわかる。考えの分布もわかる。

必ず一度はノートに目を通してまるをつける

最低でも、1時間の授業で一度は、ノートにまるをつけたい。授業中に、まるをつける時間がなければ、授業後でもよい。一度は、子どもの考えを確認する場をもつのである。

1か月たつ頃に、チェックしてみるとよい。

教師のまるがついていない日はないか。

ときどき、まるが抜けている子はいないか。

毎回、子どもの理解度を、教師が把握することが大切だ。

6 発言の取り上げ方の技術

POINT 発言の取り上げ方の原則

子どもの発言を取り上げるうえで、次の点に配慮している。

> 子どもの言葉で発言させること。

教師が子どもの意見を要約したり、教師に都合のよいように解釈したりといったことがないようにする。

子どもの発言そのままを取り上げることで、子どもの今の考えを、教師が理解することができる。

以下、どのように発言を取り上げているかを、紹介する。

CASE 発言の取り上げ方の工夫例

① わからないことがあれば進んで発表させる

授業をしていくうえで、次のような意見を優先的に取り上げている。

> 最も疑い深い子、納得していない子どもの発言を取り上げる。

納得していない子は、優先的に意見を発表できる。

何か納得できないことがあったら、すぐに手を挙げて発表することを奨励している。

「でも、先生、こういうことも考えられるんじゃないのかな?」

「○○さんの意見に反対なんだけど、こういう場合もあるんじゃないかな?」

なぜ、反論・疑問の意見は、優先的に発表できるようにルールをつくっ

ているのか。それは，いろいろな角度から考える習慣を身につけさせたいと考えているからだ。

　反論や疑問を聞くことで，「こんな考え方もあるのか」と，新しい考え方に気づくことができる。

　例えば，発芽の条件を探っているときに，次の意見が出た。
「太陽の光が条件だという人がいるけど，砂漠などでは，太陽の光があるときに芽が出たらすぐに枯れるので，おかしいと思う。自分としては，陰ができた時に種は発芽するように，インプットされていると思う。」

　なかなかおもしろい意見である。筋は通っている。

　発芽の条件を予想している段階だったので，いろんな予想が出ると盛り上がる。しっかりとほめたことは言うまでもない。

　子どもどうしで意見の交換を行わせたいときは，疑問や反論の意見を取り上げて，皆に問う。
「今の〇〇さんの意見について，意見を言いなさい。」

　これで，子どもどうしの意見の交換が行えるようになる。

3 意図的に指名する

　授業の開始や，話し合いの際など，次の意見を最初に発表させるようにしている。

> 間違いだが，素朴概念からいうと筋が通っている，という意見から指名する。

　例えば，「重いものは速く落ちる」という素朴概念から，「ふりこのおもりを重くすると，速くなる」と考える子が必ずいる。

　そういう子から発表させていく。

　子どもたちは，その子の意見を聞いていて，自分の生活経験上，納得することができる。

　困るのは，その意見に反対の子である。

　筋の通った意見に対して，反論を考えなくてはならないのである。あ

れこれと，頭をひねって反論を考えるようになる。
　正解者の自信が揺らぐから，間違っている子どもたちも勢いをもって自分の意見を主張するようになる。正解者も不正解者も，共に活発に意見を出すことで，話し合いが活発に行われるようになる。

🔳「自信のない人からどうぞ」

　授業では，全員発表をよく行う。
　例えば，「観察して気づいたことをノートに箇条書きにしなさい。」と指示した後で，次のように言う。
「全員発表です。発表したい人からどうぞ。」
　子どもたちは，次々と立って発表する。教師からの指名はしない。発表したい子から発表していく。全員発表するのだから，いつ立ってもよい。
　このとき，次のように言うと，子どもの発言に勢いがつく。
「自信のない人からどうぞ。」
　自信のない人から発表するのだから，最後は自信のある人ということになる。子どもたちは先に先にと，率先して発表しようとする。最初の方に発表した意見は，多少妙なものであってもよしとする。

🔳「少数派からどうぞ」

　教師の発問に対し，意見が分かれたとき。
　それも，かなり意見の分布に偏りが見られて，Aという意見に30人が賛成し，Bという意見に5人しか賛成していないという場合。
　次のように指示する。
「少数派から，発表どうぞ。」
　必ず，少数派から発表させる。最初に少数派の意見が続くことになる。すると，多数派は動揺する。少人数でも，何度も同じような意見を聞いていれば，なんとなく少数派の意見が正しいように思えてくるからだ。
　少数派は勢いに乗ることができる。
　多数派も少数派も，活発に意見を発表することができる。

7 意見の食い違いを取り上げる技術

POINT 認識の違いから討論が生まれ授業が盛り上がる

　4年「電気のはたらき」の研究授業を参観したときのことである。
　子どもたちは,「電気の向きを変えると,モーターが反対回りになる」という現象を,実験で確かめていた。
　多くの子が「電池を反対にしたら,モーターは反対に回る。」と,自分の見つけたことを発表した。みんな「同じです!」と納得していた。
　ところがある子が言った。
「電池を反対にしたら,モーターは反対向きに回るように見える。それは正しい。だけど,モーターの回転が逆になっているのではない。モーターの回転は,常に同じ向きに回っている。電池をどうつなごうと,電気の流れる方へ必ず同じようにモーターは回るのだ。回転が逆になるというのはおかしい。」
　他の子は,最初「?」の表情を浮かべていた。
　言っていることが理解できないのである。
　しばらくして,反対意見が出てきた。
「どういうこと? 電池を反対にしたら,モーターの回転も反対になったよ!」
「電池を反対にしたら,モーターの回転も反対になるということだから,電気が反対になると,モーターも反対になるということでしょ?」
　教室は混乱に包まれた。
　誰も,最初の子の意見の意味を理解できなかった。教師ですら,スルーして次の活動へ移ってしまった。
　最初の子は,「電流の方向にモーターが回る。」と言っていたのだ。電池の向きは,モーターの回転に関係ない。電流の向きだけで,モーター

の回転は決まるのだと。
　このように自然現象への子どもの認識が異なると，意見が食い違う。
　意見が食い違うと，討論になる。
　教師は次の意識をもつべきである。

　1　子どもによって，自然現象への認識が異なる。
　2　認識の違いが討論を生む。

　子どもの「意見の食い違い」を確認し，話し合ったり実験して確かめたりする時間をとるべきだ。

CASE　6年「てこの規則性」の実践例

　「てこ」の学習の導入である。
　最初に，自由に実験をする時間をとった。
　自由に実験といっても，「何でもいいからしてみましょう。」というのでは，盛り上がらない。必ず，目的をもたせるべきだ。
　私は，次のように指示した。
「重いものを，できるだけ力を入れずに持ち上げる方法を考えます。いろいろと試してごらんなさい。」
　こう言って，「棒」,「おもり」,「椅子（支点）」を渡した。
　理科で実験をする時には，できるだけ大きい実験道具を用意すると，ダイナミックになる。感動も大きくなる。
　棒は何を使ったかというと，「竹（2～3m）」である。
　おもりは，5kgのものから20kg程度のものまで，いろいろな大きさの砂袋を用意した。
　「棒とおもり，椅子を使うだけで，後はどういう実験をしてもいい」と，子どもたちに指示した。
　多くの子は，椅子を支点にして，シーソータイプのものを作っていた。
　中には，棒を2人で持って，おもりをかついでいる人もいた。
　いろいろやってみて，実感としてどの持ち方が軽いかを考えさせる。

自由な実験に30分の時間をとった。
　棒を変えたり，おもりの重さを変えたり，おもりをつける位置を変えたり，棒を押す位置を変えたり……，と実にいろいろな方法で実験を続けていた。
　実験後に，気づいたことや思ったことを，ノートに書かせた。
　次の時間に，気づいたことを発表してもらった。
　ペアで実験をしていたので，2人で話し合って，これはよい発見だと思うものを黒板に書くように言った。
　黒板をあらかじめ区切っておいて，そこに描くように指示した。
　黒板に書く時に，できれば絵も描くように言った。
　黒板に書かれた絵や説明を使って発表すると，大変わかりやすい。
　子どもの発表を聞きながら，私は，意見の食い違いを探した。
　たくさんの発表があった時には，意見の共通部分と，食い違いの部分が出てくるものである。
　そして，意見の食い違いは，学習の中で大切な内容であることが多いのである。
　次のようにまとめた。
【共通の意見】
・椅子からできるだけ近くにおもりを置いてから，棒で持ち上げると，軽い。
・椅子からできるだけ遠くにおもりを置くと，重い。
【意見の食い違い】
・人間ができるだけ椅子から離れたほうが，軽い。
・人間ができるだけ椅子に近づいたほうが，軽い。

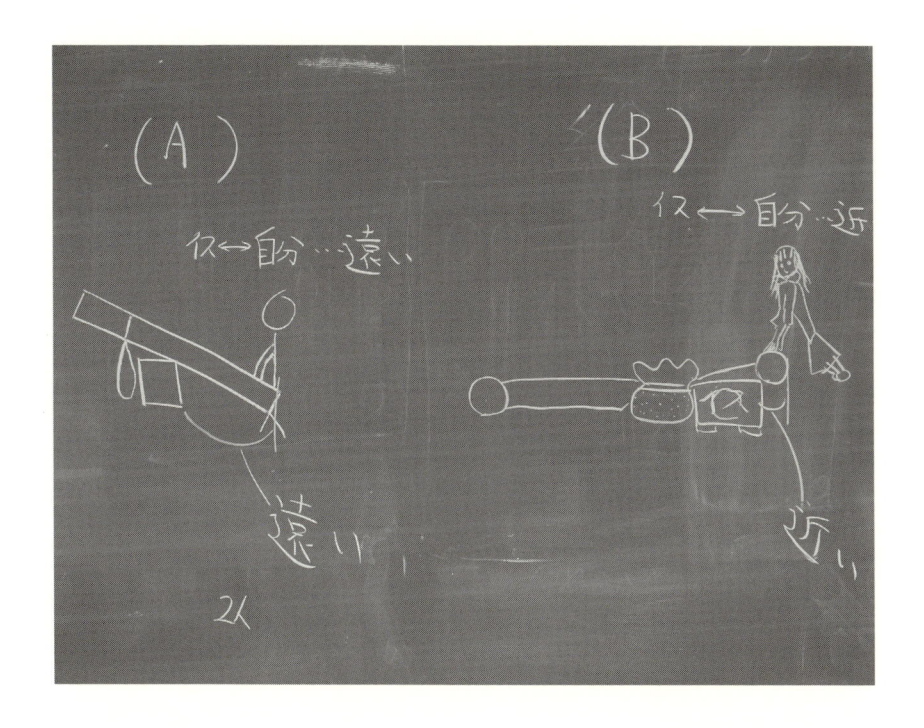

Ⅱ　すぐに授業で使える「理科授業技術」基礎編

　意見の食い違いをはっきりさせるため，次のように指示した。
「自分が考える最も軽い持ち上げ方を，図に描いて持ってきなさい。」
　異なる意見の図があったので，板書させた。これで，より意見の食い違いが鮮明になった。
　意見の食い違いが起きると，子どもたちの知的好奇心が呼び覚まされる。
「先生，定規と消しゴムで確かめてもいいですか!?」
と実験を始めた子もいた。それぞれの意見の理由を簡単に聞いてから，確かめの実験を行うように指示した。
　子どもたちは，自分の疑問を解決する実験に取り組むときには，本当に生き生きと取り組む。
　「どっちが正しいのかなぁ？」と真剣に，しかも楽しく実験で確かめることができた。

8 言語力を鍛えるための指導技術

POINT 言語力を鍛える3つの指導

言語力を鍛えるために，次の指導を行う。

1　言葉の力をつける。
2　記録の力をつける。
3　説明の力をつける。

CASE 言語力を日々の授業の中で鍛えていく

言葉の力をつける

1　現象を説明させることで言葉の意味を教える

言葉の力をつけるためには，その言葉が指す現象について説明させればよい。

例えば，3年「電気の通り道」で，「回路」という言葉を教える場合。次のように発問する。

「○○ができると，豆電球の明かりがつく。」
○○に当てはまる言葉を考えなさい。

「○○ができる」に当てはまる内容が，すなわち「回路」という言葉の意味になる。

子どもによって，さまざまな言葉が入る。
「『輪』ができると」，かもしれない。
「『+から-への道』ができると」，かもしれない。

どんな場合にもあてはまるようにしなくてはならない。
例えば,ある子が言った。
「輪ができると,豆電球の明かりがつく。」
しかし,別の子が言った。
「丸い輪でなくても,ぐにゃぐにゃでも,明かりはつくよ。」
つまり,「『輪』ができると,豆電球の明かりがつく。」というまとめでは,納得しない子どももいるのである。
「『電気の通り道』ができると,豆電球の明かりがつく。」では,納得する子どもは増える。「乾電池の＋から豆電球を通り,乾電池の－まで導線がつながっていれば,豆電球の明かりがつく」のだと多くの子が納得する。
どんな場合にも通用する説明を考えなくてはならない。
結果,「『乾電池の＋から－までの道』ができると,豆電球の明かりがつく。」という形にまとめられた。
このように,まず,子どもに回路という言葉の指す現象について説明させる。次に,「＋から－までの道は,回路と呼ばれるのだよ。」と教える。そうすれば,回路の意味がよく子どもに理解される。
ただし,回路とは何かを説明できるためには,先立って体験の蓄積が必要である。いろいろな場合で実験をさせてみて,「回路」とは何なのかを体験させておかなければならない。

2 教師が言葉に敏感にならなければならない

5年「ふりこ」の授業で,次のように発問する。

> 「糸の長さを変えると,ふりこの○○が変わる。」
> ○○に当てはまる言葉を書きなさい。

子どもによって,さまざまな言葉を使っての説明が行われる。
ふりこの「速さ」なのか。
ふりこの「リズム」なのか。

51

「テンポ」、「揺れ方」、「動き」なのか。

辞書を引く子どもも出てくる。

子どもの説明を聞いているときに、教師が、これらの言葉の違いを理解しているかどうかが重要だ。

例えば、ふりこの「速さ」は糸の「長さ」では決まらない。「速さ」は、ふりこをスタートさせたときの「高さ」によってのみ決まる。

だから、この場合、「速さ」という言葉を入れるのは間違いである。

いったい、どの言葉で表現すればよいのか、辞書などで調べさせる。似ている言葉でも、違う意味があることがわかる。

7 記録の力をつける

1 記録の仕方を教えて個別指導する。

実験や観察の後で、「結果」や「気づいたこと」を記録させる。

記録はノートに行う。実験・観察の後で、ノートに記録する時間を最低でも5分は確保するようにする。

記録のポイントは、2つある。

> 1　詳しく書かせること。
> 2　絵や図を使わせること。

図や絵は、大きく描かせる。

そして、説明をその下に書かせるのである。

これも、評定をしないと子どもの記録の力は伸びない。言葉足らずな記録ではなく、誰が読んでもわかるような記録にしなくてはならない。

ノートに説明を書かせて、教師のところに持ってくるように指示する。そして、アドバイスを送る。

「絵をもっと詳しく描いてごらん。」

「ここの説明はどういう意味かな。主語を入れてごらん。」

記録の仕方を教え、個別指導をする時間を入れていくから、子どもの記録の力は伸びていく。

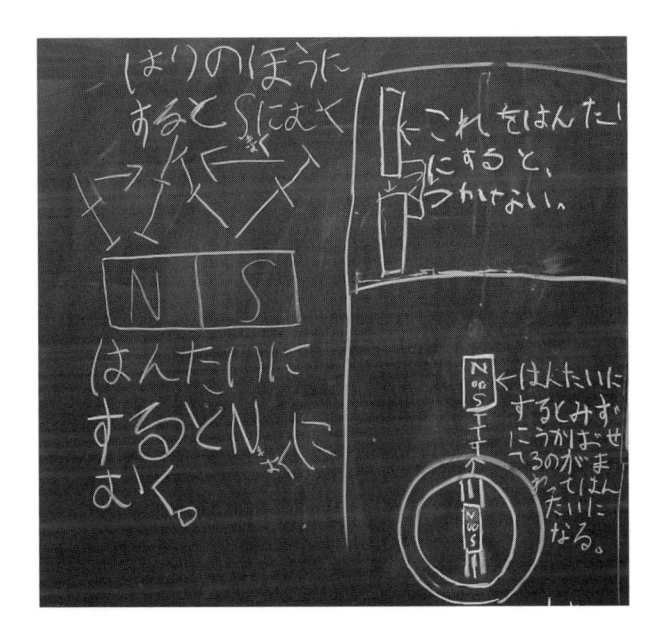

2 記録の型を教える

　子どもが現象を説明するときに，型を教えて，現象が説明できるようにする。

　例えば，次のような型を教える。

【比べる】
・AとBを比べると，○○が同じだ。
・AとBを比べると，○○が違う。

【関係づける】
・○○のときは，○○になる。
・○○なのは，○○だからだ。
・なぜ○○なのか。理由は，○○だから。

【仮説】
・○○をすると，○○になった。これは，○○だからだろう。

【結論】
・○○をすると，○○という結果が出た。つまり，○○ということが考えられる。

このような説明の型に合わせて，現象をまとめさせる。
　例えば，「人の体のつくりと働き」で，次のような説明をした子がいた。
「人が吸いこんで吐き出した空気の割合は，ものが燃えた後の空気の割合とほとんど同じだった。」
　これは，ものが燃えたときと比べているのである。似ていると言っているのだ。
　他にも「気づいたこと」に，次のように書いた子がいた。
「酸素が減った分だけ，二酸化炭素が増えた。」
「息を吐いた袋に水滴がついたのは，息には水があるからだ。」
　これは，ある現象がなぜ起きるのかの原因を予想したものである。何かと何かを「関係づける」思考を行っていることがわかる。
　このように，説明の型があれば，子どもの思考を促すことができる。

説明の力をつける

　なんらかの現象を人に説明する力をつけるには，どうしたらよいか。

> 説明の場を，数多く確保することで，説明の力をつける。

　例えば，実験中，次のように指示する。
「立ち歩いて，いろいろな人の実験を見てごらん。」
　こう言うと，必ず至るところで相談が始まる。
　子どもは，自分の発見を説明したいのである。全員の前で説明するよりも，一対一ぐらいで相談したいのである。
　説明の場を確保するために，他にも次のように指示することがある。
「まわりの人と相談してごらん。」
「何か気づいたことがあったら，隣の人に教えてあげましょう。」
「班で，いちばんすごい気づきだなあと思うものを1つ決めなさい。」
　全て，一人一人説明をする場が生まれることになる。
　隣の人に気づいたことを説明させることもある。その時には，「あとで聞いた人が意見を説明できるようにしなさい。」と指示するとよい。

このひと言で，緊張感はぐっと増す。ちゃんと聞いておかないと，あとで説明できないからである。説明する方も，必死になって身ぶり手ぶりで説明するようになる。

また，自由に実験させているときに，次のように指示することも多い。
「何かとってもすごい発見をしたら，先生に教えに来てください。」
こう言うと，多くの子が私のところにやってくる。

私は子どもの発見を聞いていて，「へえ。先生も驚いた。」「なるほど，よく気づいたね。」などとほめていく。

ほめながら，「ここはどういうこと？」とか，「もう少し詳しく説明してくれるかな？」などと，合いの手を入れていく。子どもたちは，ほめられながら，必死に説明しようとする。言葉足らずなところを補おうとうする。

このように，教師に説明に来させることで，自然と説明の力がついていくことになる。

9 実感を伴った理解を図る技術

POINT 実感を伴った理解に導くポイント

　なぜ，実感を伴った理解が大切なのか。
　それは，知識を丸暗記させないためである。実感を伴った理解は，印象的な理解につながる。そのため，長期にわたって記憶されることになる。
　例えば，世界中の水のうち，飲み水に使える量を教えるとする。「〇tです」と教えても，子どもに実感はわかない。どれぐらいの量なのかピンとこないから，感動がない。「なんだかよくわからない」といった反応が多くなる。そこで説明の仕方を変える必要がある。「世界中の水をペットボトル5本とすると，飲み水に使えるのは小さじ1杯しかない」と教える。これだと，「へえ，そんなに少ないのか」という反応に変わる。量の多少が実感として理解されたわけである。しかも，ペットボトルと小さじ1杯の水を実際に子どもに見せる。すると，時間がたっても子どもたちは，ペットボトルと小さじ1杯はしっかりと覚えている。
　同じく，雲のでき方をいくら言葉で説明しても，あまり意味がない。ペットボトルに雲をつくればいいのだ。雲を触ることだってできる。実際につくったり触ったりすることで，雲というものが実感を伴って理解できる。
　理科の学習指導要領解説には，「実感を伴った理解」として，次の三つの例が挙げられている。

> 第一に，「実感を伴った理解」とは，具体的な体験を通して形づくられる理解である。

第二に,「実感を伴った理解」とは,主体的な問題解決を通して得られる理解である。
　　第三に,「実感を伴った理解」とは,実際の自然や生活との関係への認識を含む理解である。

CASE　実感を伴った理解を保障する実践例

競争させることで実感させる

　6年「人の体のつくりと働き」の学習である。

　心臓の働きを教える場面。血液をどれぐらいの速さで送っているのかを実感させる。

　まず,2Lのペットボトルを逆さにして,中の水をバケツに出すと,何秒ぐらいかかるのかを調べる。だいたい30秒ぐらいかかる。

　心臓は,1分間にだいたい4～5Lの血液を送る。

　つまり,30秒で2Lを送ることになる。ペットボトルを逆さにしたときと,同じぐらいの速さということがわかる。

　「心臓は,ペットボトルを逆さにしたときと同じぐらいの速さで,血液を送っています」と説明する。

　ペットボトルに入れる水を絵の具で赤色にしておくと,よりリアルである。

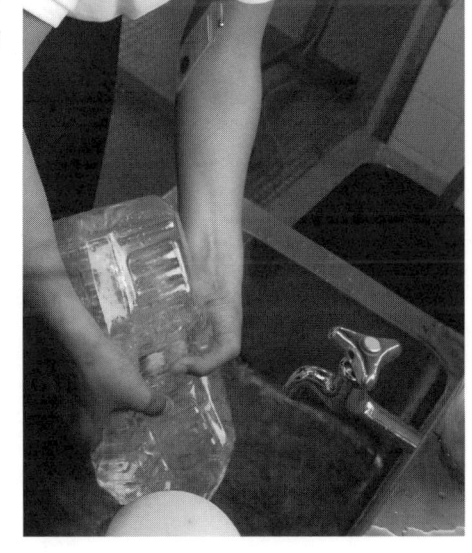

実際に，30秒で2Lを送っているのだから，血液の量が，目で見て実感としてわかる。
　さらに尋ねる。
「激しい運動をした後，同じ2Lの血液を，心臓は何秒で送ることができるでしょう。」
　運動をした後，心臓の動きは何倍にもなる。4倍になったとして，だいたい7秒前後で2Lの血液を送っていることになる。
　実際に，ペットボトルを下にして，7秒で2Lを出そうと思うと大変である。子どもに7秒で2Lもの水を外に出せるかどうかを挑戦させてみる。これは難しい。7秒ではなかなか，2Lもの水を外に出すことはできない。
　心臓から送られる血液の量が，運動後には大変多いことを実感させることができる。

🗒 比較して提示する

　5年生では，「微生物の観察」を行う。
　私の場合，最初はミジンコを観察させるようにしている。
　田の水を観察すると，ミジンコ類がわいているところがある。その水をとり，学校へ持っていく。
　子どもたちに言う。
「ミジンコは目でも見えます。まずは，目で観察してごらんなさい。」
　小さな粒が動いているのが見える。
「ミジンコをピペットで吸い取りなさい。」
　これも，慣れると簡単にできる。
　スライドガラスにミジンコがいる液をのせる。そして，40倍で観察させる。ミジンコが画面いっぱいに映る。
　次の時間には，ミジンコではなく，もっと小さな微生物を観察させる。ミドリムシやゾウリムシ，ワムシなどである。100倍以上にしないと，発見が難しい。
　小さな生き物が，画面にたくさんいることに気づく。

最後に，次のように子どもたちに聞く。
「ミドリムシやゾウリムシの大きさは，ミジンコと比べるとどれぐらい違いますか？　ノートに書いてごらん。」
　子どもたちは，観察を終えたばかりだ。が，大きさの違いは実感としてもっていない。
　答えを，板書する。黒板に，ミジンコを書き，その隣にミドリムシやゾウリムシを描いてやる。こんなにも違うのか，と驚く。
　さらに，次のように尋ねてみる。
「メダカを書くとしたら，どれぐらいの大きさになりますか。ノートに書きます。」
　何人かを指名し，黒板に書かせる。
　答えを私が書くと，どの子もメダカのあまりの大きさにびっくりする。「微生物とはこんなにも小さなものだったのか。」という感じである。
　最初に肉眼でミジンコを観察させているにもかかわらず，大きさというのは意外と実感できていないものなのである。メダカとミジンコとゾウリムシを比較することではじめて，大きさの違いが実感として認識されるのである。

3 実際に体験させる

　台風の学習。
　扇風機に当たって，実際に強風とはどれほど強いのかを感じさせる。
　扇風機は，台風の強風に比べて，かなり弱い。が，それでも，扇風機を強にすれば，かなり風を感じる。そして台風は，扇風機の5倍も6倍も強い。
　単純な実験だが，子どもの驚きは大きい。台風では相当な風が吹いていることがわかる。そのあとで台風の被害の映像を見せてやるとよい。

4 巨大実験装置を使用する

　4年生では，「空気を温めると膨張する」ことを，実験で確かめる学習がある。

教科書の実験では，フラスコにガラス管をつけて実験をすることになっている。フラスコを温めると，ガラス管内の液体が上に上がるという実験である。
　教科書の実験を行うときに，ほんの少しの工夫を加えるとよい。
　それは，「ジャンボ装置」を使うという工夫である。
　教科書では，小さな試験管と短いガラス管を使うことになっている。
　それを，大きなフラスコと長いガラス管で実験をするのである。
　フラスコを温めると，ガラス管内の色水がいっきに上がる。子どもたちから，「うおー。」「ええ〜!?」などの感動の声があがるほどだ。温めた空気はかさが増えることが，目に見えてわかる。
　教科書の実験も，少しの工夫で感動が大きくなる。

たっぷりの体験を保障する

　5年「ものの溶け方」の導入である。
　いろいろなものを溶かして，「ものが溶けるとはどういうことなのか？」を理解させる。
「どんなものでも水に溶かすことができますか？」
　「溶けないものもある」と考える子と，「かき混ぜ続ければいつかは溶けていく」と考える子がいる。
　実験前に，水に溶かしたいものを家から持ってくるようにと，子どもに言っておく。教師も用意しておく。例えば，入浴剤，砂糖，塩，コーヒー，粉ミルク，みそ，小麦粉，片栗粉，絵の具などである。
「実験を始めます。1回に1種類だけ溶かすようにしなさい。」
　1回に1種類だけ溶かすように限定したのは，まず用意したものそれぞれが溶けるのかどうかを調べさせたいからである。この後で，混ぜてもよいこととした。
　たっぷり1時間，実験をさせることが大切だ。
　最後に，溶けるものはどれかを考えさせた。考えさせる前に「溶ける」の定義を教えておく必要がある。

1　透明になる。
2　均一に混ざっている。（下に落ちない。）
3　粒が見えなくなるほど小さくなっている。
　ものを溶かすという経験をたっぷりとした後なので，どれが溶けて，どれが溶けないのかを，実感をもって考えることができる。

③ 自分の生活経験をもとに考えさせる

　恐竜の話をする際。
　例えば，「ティラノサウルスは，時速18kmで走った。」という説を紹介する。
　子どもたちは，「速いのか遅いのか中途半端でよくわからない」と考える。
　そこで，自分の100mの記録と比べさせる。
　100mで言えば，20秒かかる。そんなに速くないことがわかる。
　自分の生活経験と比べるから，実感として理解できる。
　数字が出てきたら，生活経験上わかりやすいものに置き換えることが大切だ。

10 基礎知識を確実に習得させる技術

POINT 知識の習得に不可欠の要素

基礎基本を確実に習得させるためには，次の点が大切である。

> 繰り返し学ぶ機会を設定する。

そのため，例えば，単元の学習が終わった後には，次の手立てをとっている。

> 1　ノートまとめをさせる。
> 2　論述問題を出す。
> 3　教科書のまとめ問題を解かせる。

このように，本当にわかるまで，繰り返し知識を習得する場面を用意することが大切である。
以下，具体的な指導場面を紹介する。

CASE 5年「ものの溶け方」における実践例

▌繰り返し学ぶ機会を授業の中で設定する

5年「ものの溶け方」の学習である。
「食塩は水に溶けても，重さは残る」という知識を教える。
最初に，子どもに尋ねた。
「水に食塩を入れます。水だけよりも，重さは増えますか。
　①増える　②減る　③変わらない　④その他」

実験結果を予想させた。
①と③に意見が集中した。
中には，水に塩を入れた瞬間，重さが消えると考える子もいた。
さらに，次のように尋ねた。
「食塩を入れた後，かき混ぜて溶かします。最初の水に比べ，重さはどうなりますか。
　①増える　②減る　③変わらない　④その他」

これも，意見が分かれた。
先ほどの発問で「増える」と答えた子が，「水と変わらない」と主張したのである。つまり，食塩は溶けることで，重さが消えると考えているのだ。
すぐに実験で確かめることにした。
おもりの測定には電子てんびんを使用する。この方が正確に量れるし，扱いも簡単である。
早い班と遅い班の時間調整のため，「早い班は，３回実験しましょう。」と伝えた。
全ての班が一度は実験を終えたのを確認して，次のように指示を出した。
「実験が終わった班は，実験結果をノートに書きなさい。」
実験結果は，
「食塩を加えると，最初の水よりも食塩の分だけ重くなる。」
「食塩を溶かしても，最初の水よりも食塩の分だけ重くなる。」
であった。

２時間続きの２時間め。ほとんど同じ問題なのだが，ほんのちょっとだけきき方を変えて，尋ねてみた。
「水に最初から食塩を入れておきます。混ぜてはいません。この状態で重さを量ります。
すぐに，食塩を完全に溶かします。全体の重さはどうなりますか。」

これは，先ほどの問題とほんのちょっとだけ違っている。
　最初から水の中に食塩を入れておくのである。それを溶かしたらどうなるのかを尋ねている。つまりは，質量が完全に保存されるのかどうかを尋ねているのである。
　人数は次のようになった。
　①増える　0人
　②減る　3人
　③ほんのちょっと減る　23人
　④変わらない　5人
　少しは減るのではないかと考えている子どもがほとんどである。
　いろいろな角度から確かめていって，初めて「ああ，そういうことなんだ」とわかる子が多い。
　実験で確かめると，「重さは完全に保存される」ことが明らかになった。

③ 学習後に論述する問題を解かせる

　単元が終わった後で，論述の問題を出すことがある。
　今までの知識と技能を活用しないと，解けない問題である。
　5年「ものの溶け方」では，例えば次のような問題を出すとよい。

　1　ホウ酸水から，ホウ酸を取り出したい。考えられる方法を2つ示しなさい。
　2　食塩を水に溶かしています。ところが，食塩は水に全部溶けずに残ってしまいました。なぜ食塩は残ったのですか。
　3　ホウ酸をもっとたくさん溶かしたい。考えられる方法を2つ示しなさい。
　4　食塩とホウ酸で溶け方が同じところを書きなさい。
　5　食塩とホウ酸で溶け方が違うところを書きなさい。
　6　ろ過するときに気をつけることを書きなさい。
　7　食塩水から食塩を取り出す方法を2つ書きなさい。

論述の問題を出すと,本当に理解できているのかどうかが,よくわかる。
　例えば,「2」の「なぜ食塩は残ったのですか。」の解答として,次のように書く子がいる。
「一度に食塩を入れすぎたから。」
　この子は,一度にたくさん入れると溶けないと勘違いをしているのである。
　わかったような顔をして,実は意外なところで勘違いをしている子がいることがわかる。

III

すぐに授業で使える
「理科授業技術」
応用編

1 実験結果を共有させる技術

POINT 黒板を使って結果を共有させる

　実験後には，結果がどうなったのかを発表させる。
発表させることで，実験結果の共有を図る。
結果の共有のために，黒板を活用するとよい。
各班ごとに，結果を黒板に書かせるのである。
そうすることで，教師と子どもにとって次のメリットが生まれる。

1　それぞれの班の進行状況がわかる。
2　どういった結果になりそうなのかがわかる。
3　他の班の結果と自分たちの結果を比べることができる。
4　結果の平均をとることが容易にできる。
5　どの班の結果がおかしいのか，どの班の結果が正しいのか，検討できる。

CASE 5年「ものの溶け方」における実践例

どれだけ溶けたかを板書させる

　5年「ものの溶け方」では，食塩がどれぐらい溶けるのかを確かめる実験を行う。
　そのときに，黒板に結果を書く表を用意しておく。1杯溶けるごとに，黒板に○を書いていく。
　遅い班は，早い班の結果を参考にすることができる。これぐらいは溶けるという見通しをもって実験を行うことができる。

Ⅲ　すぐに授業で使える「理科授業技術」応用編

🗐 植物の光合成の例

　6年で、植物の光合成を学習する。

　植物をビニール袋で覆う。ビニール袋の中に、ストローで自分の息を送る。自分の息を入れた袋の中の空気の組成を、気体検知管で調べる。

　日光に当てて1時間以上経過したところで、もう一度空気の組成を調べる。

　どれぐらいの割合で酸素と二酸化炭素が変化したのかを調べるわけである。

　教科書では、1種類の植物で確かめるようになっている。これを、いろいろな植物で確かめることにする。

　子どもたちは興味津々である。

　コマツナ、ベゴニア、ホウレンソウ、チンゲンサイなどを用意する。

　当然、子どもたちは、植物によって、酸素をつくり出す割合や、二酸化炭素をつくり出す割合が違うのかが気になってくる。

69

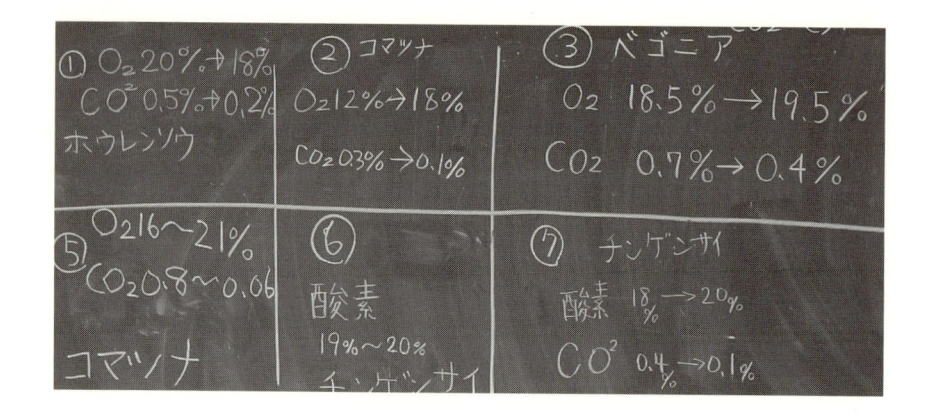

① O_2 20% → 18% CO_2 0.5% → 0.2% ホウレンソウ	② コマツナ O_2 12% → 18% CO_2 0.3% → 0.1%	③ ベゴニア O_2 18.5% → 19.5% CO_2 0.7% → 0.4%
⑤ O_2 16〜21% CO_2 0.8〜0.06 コマツナ	⑥ 酸素 19%〜20% チンゲンサイ	⑦ チンゲンサイ 酸素 18 → 20% CO_2 0.4% → 0.1%

結果を，順次黒板に書かせていく。

　酸素　　　　○%　→　（1時間後）　○%
　二酸化炭素　○%　→　（1時間後）　○%

　たまに，気体検知管が壊れていたり，採集を失敗したりすることがある。他の班の結果を参考にすると，自分たちの班の実験がうまくいっているのかどうかがわかる。「失敗した」と判断した班は，何度も気体検知管を取りに来て，測定を繰り返していた。

　最後に，黒板に書かれた結果をノートに写させた。

　そして，気づいたことを尋ねた。

　結果が一目瞭然なので，違いを探したり，共通点を探したりといったことがすぐに行える。

② モデル図で表す技術

POINT なぜモデル図が必要なのか

　子どもの中には，目に見えない現象を理解するのが苦手な子がいる。例えば，特別支援を要する子の中には，抽象概念の理解が苦手だという診断を受けている子がいる。

　6年「ものの燃え方と空気」で，気になったことがあった。目に見えない現象を，なかなか理解できない子がいたのだ。

　例えば，「酸素が二酸化炭素に変わる」ということが理解できない。

　気体検知管で測定すると，確かに，空気の中の気体の割合は変化していることは明らかになる。しかし，どういうことなのかがわからないと困っていた。

　目で見えない内容を教える際，どのようにしたら，子どもに現象をイメージさせることができるのか。

　目に見えない現象は，「モデル図」でイメージさせるとよい。

　酸素が二酸化炭素に変わったことを説明するために，空気の中の気体の割合を，粒を使って表現した。ものが燃えると，酸素の粒が二酸化炭素の粒に変化する。

　気体を粒で表現できることは，教師が教えないとわからない。目に見えない内容を理解させるときには，できるだけモデル図で目に見えるようにしてから，説明するとよい。

　ちなみに，粒子モデルを使って説明できる内容が，理科では結構ある。代表的なのは，5年「ものの溶け方」である。

　①溶けたものは，小さくなって均一に広がっていること。
　②ある一定の量を溶かすと，これ以上入る場所がなくなって，溶け残ること。

③2つ以上のものを溶かすと，別の場所に，均一に広がるので，あまり影響がないこと。

こういった内容は，粒子のモデル図を使って説明することができる。

CASE モデル図を使って説明できる単元例

1 酸素と二酸化炭素のイメージを粒で表現する

6年生の理科である。植物が光合成をしていることを，実験で確かめさせた。植物は，日光のよく当たるベランダに置かせた。

袋に植物を入れる。自分の息を袋に入れる。気体検知管で，袋の中の気体の濃度を測定する。植物を袋ごと日光に当てて，1時間30分後に，もう一度気体検知管で調べさせた。

「日光があたるところに置くと，植物は二酸化炭素を取り入れ，酸素を吐き出す」ことを教えた。

そして，この原理を，モデル図を使って説明した。

気体を，粒で表現する。植物は，日光が当たると，二酸化炭素の粒を取り入れて，酸素の粒を出す。窒素は白の点で，酸素は青で，二酸化炭素は黄色の丸で，というように表現してある。

目に見えない気体のやりとりを，モデル図で表現することで，理解できるという子もいる。

🔟 電流を水の流れのように表す

3年の「豆電球」の実験。

電流の流れを、黄色のチョークで表現した。「ビリビリと電気が流れます」というように説明した。

電流は、粒で表現する場合もある。だが、小学生の最初の段階では、「水の流れ」のように表現した方がわかりやすいと考えている。水の流れのように、電気は流れていくのだと説明し、黄色のチョークで電流の流れを示した。

導線を曲げても、電流は流れる。

導線が長くても、電流は流れる。

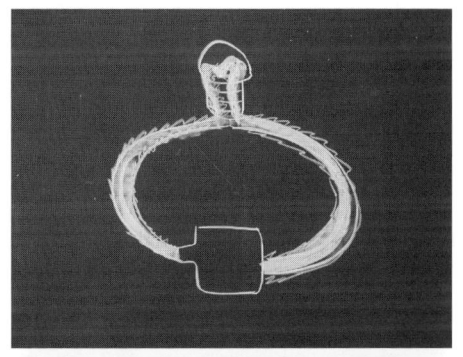

ただし、教室いっぱいに広がった導線で豆電球の明かりがつくかどうかを確かめると、電球は暗くついた。

あまりに導線の距離が長いと、電気は「疲れる」ということも教えた。

つまり、導線はホースと同じというイメージをもたせたのだ。ホースが長すぎると、水もなかなか出てこないし、あまり勢いよく出てこない。ホースが短いと、水はすぐ出てくるし、勢いよく出てくる。

まったく同じことが、導線にも言える。水流のモデルで、さまざまな電流の現象を説明できる。

ショート回路のときは、電流が流れやすい方に、多くの電流が流れる。豆電球の方は、豆電球の抵抗が大きいので、電流は流れにくい。結果、豆電球の明かりはつかない。ただし、豆電球の方も、いちおう少しは電

気が流れている。それも，水流の大きさで表現すると，視覚的に理解ができる。

磁力のイメージを描かせる

「電流の働き」の学習をほぼ終えた段階で，問題を出した。「直径の大きなコイル（直径5cm）の中に釘を入れると磁石になるのか。」

結果は，「磁石になる」である。

結果をどうとらえるのか。子どものイメージをノートに書かせた。「直径の大きなコイル（直径5cm）の中に釘を入れると磁石になりました。どのような働きがあったのかは，目に見えません。目に見えませんが，みんなの頭の中には，今まで勉強したことから考えて，なんらかのイメージがあるはずです。どのように釘が磁石になったのか，自分の頭の中のイメージを絵にして，ノートに描きなさい。」

イメージを絵にしたものを黒板に書かせた。

磁力は目に見えない。が，鉄粉を使えば，少しは視覚的に理解ができるようになる。

私は，サラダ油に鉄粉を入れて，磁力線を見せながら説明したことがある。ペットボトルにサラダ油と，スチールウールの粉を入れる。磁石を近づけると，磁力線が見え，磁界の様子がわかる。視覚的に見せることができるなら，それを見せてから，磁力線のことを教えればよい。

参考文献
『ガリレオ工房の科学あそび・PART1』
滝川洋二 編著・押口J・O絵　実教出版，2001

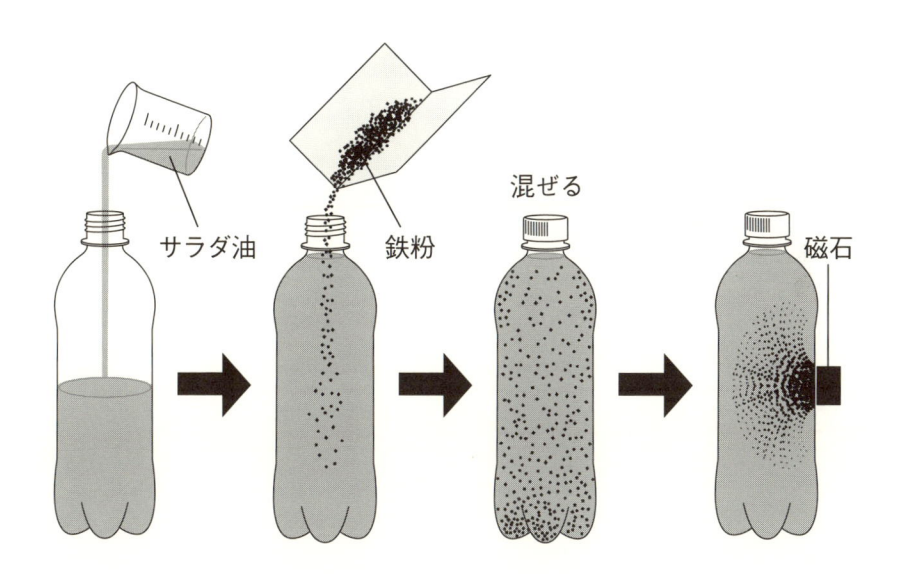

3 わかったつもりを防ぐ技術

POINT 授業を進めるうえで気をつけたいこと

授業を進める際，私は常に，次の点に気を配っている。

> 子どもは本当にわかっているのか？

そのため，授業中，子どものなにげない「疑問」や，納得できていない「つぶやき」を，聞き逃さないようにしている。

疑問やつぶやきの中に，課題となるべき「問い」が含まれていることが多い。

理解しているような顔をしている子でも，ほんのちょっと角度を変えて尋ねると，悩む子がいる。

わかったつもりになっているなと思ったら，その内容を問題として取り上げるとよい。「なるほど」，「そういうことか！」と，深く納得する子どもがいるはずである。

CASE 5年「電流のはたらき」の授業における実践例

「子どもは本当にわかっているのか」を確かめる

5年「電流のはたらき」の授業で，次の指示の後，子どもの反応が分かれた。

「電流の向きを変えると，電磁石の極が変わるかどうか調べなさい。」

方位磁針を使って，極が変わるかどうかを確かめる実験である。

多くの子は，乾電池につないだ導線をとり，＋と－を入れ替えていた。

ところが，数人は違うことをしていた。なんと，「乾電池のついた導線をねじって8の字にしている」のである。

8の字にしたら，確かに見かけ上，電池は反対になっている。が，電流の向きは変わっていない。8の字にしても，電流の向きが変わっていないことに気づいていないのである。これは，おもしろい問題になりそうだと考えた。

そこで，いったん実験を止めさせた。

私は，間違った方法で実験をしている1人の子に，実験方法の説明をさせた。そして，子どもたちに尋ねてみた。

「実は，これは先生が指示した実験方法とは違うんです。どこが違うかわかるかな？」

意外と多くの子が，わかっていなかった。導線をくるっと回して8の字にするだけでは，電流の向きは反対にならない。

何人かが，手をあげて発表し，正しい実験方法を説明した。

これで，なんとか他の子も理解できたようだった。

「乾電池の＋と－の導線をいったん取り外して，導線を反対につけないと，電流の向きは変わらない」ことがようやくわかった。

全員が正しい方法で，電流の向きを変えて実験を行った。

結果は，「電流の向きが変わると，極は変わる。」であった。

念のため，次の発問も行った。

今度は，乾電池につないでいる導線はそのままつないでおいて，導線だけくるっと8の字に導線をひねります。

乾電池は反対になりますね。

釘の極は反対になりますか？　ノートに書きなさい。

これは，30名が正解。不正解は，2名。

実験で確かめさせた。

「電流の向きが変わっていないので，極は変わらない。」が正解である。

「導線がセロハンテープでついた乾電池を，くるっと反対にしただけでは，電流の向きは変わらない。」

単純なことのようだが，意外と悩んでいる子が多かった。

実験で確かめてみて,ようやく,「なるほど」と納得していた。
　子どものちょっとした勘違いを見つけ,それを解決してやらないと,本当にわかったことにはならない。子どもの理解を確認しながら授業を進めるべきだ。

③ 子どもの理解に合わせて課題を設定する

　子どもたちが変われば,「課題」もまったく別のものになる。
　別の年の子どもたちは,次のことを問題とした。
「巻き方を変えれば,電流の流れる向きも変わるのだから,電磁石の極は変わるのか?」
　その子どもの発言から生まれた発問は,次である。

> 　乾電池につないでいる導線はそのままです。ただし,釘に巻く導線の巻き方を変えます。
> 　上から下に巻く。下から上に巻く。そういう巻き方で,極は変わりますか? ノートに書きなさい。

　これも,かなり意見が分かれた。
　電流の向きが変わったと言ってよいのかどうかで,話し合いが活発に行われた。
　結果は,「極は変わる」である。
　子どもの意識は,教えている子どもによって違う。
　子どもが悩んでいるところ,勘違いをしているところを見つけて授業を創るとよい。

4 授業を盛り上げる技術

POINT 演出によって授業はさま変わりする

　授業は演出が大切である。
　ほんのちょっとの教師の言動でも，工夫があるかどうかで，子どもの反応はずいぶん変わってくる。
　例えば，ルーペとの出会いの場面。
　「これから，ルーペを配ります。」と言って，いきなりルーペを配るようでは，甘い。演出が足りない。子どもはルーペを，さして大切には使わないだろう。
　そうではなくて，例えば，次のように演出する。
「指紋はね，一人一人違うんだよ。目で見てごらん。」
　子どもたちは，目で観察する。見えることは見えるが，あまりよくは見えない。
「今日は，いい物を持ってきました。小さい物が大きく見える，魔法のメガネです。」
　「魔法のメガネ」といってルーペをわたす。
　子どもたちは，ルーペを使って指紋を見る。「うわ！　大きく見える。」などと感動するだろう。
「3年生は，虫眼鏡ではなく，ルーペを使うこともあります。ルーペを使いこなせると，博士みたいでかっこいいんだ。」
などと言う。
　子どもたちは，大切に大切に，ルーペを使う。しかも，何かあったらすぐルーペで見るようになる。これが，授業における演出である。
　ほんのちょっとした教師の行動にも，工夫をすべきだ。
　以下，授業を盛り上げるための，演出例を紹介する。

CASE　授業の盛り上げ方の実践例

挑発する技術

6年「食物連鎖」の授業である。

次の指示を出した。

「次の生き物で，食べる食べられるの関係を，線でつないでごらんなさい。」

① ワシ
② バッタ
③ ヘビ
④ カエル
⑤ ミミズ
⑥ ダンゴムシ

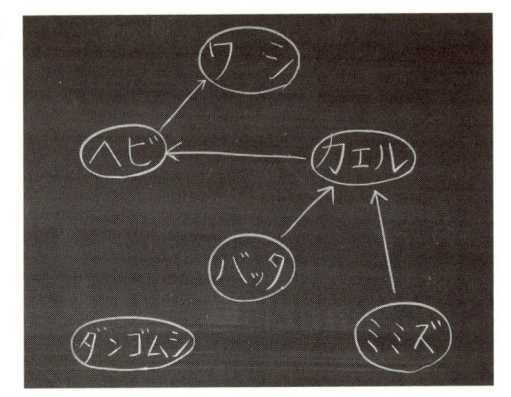

まず，隣の人と相談させた。そして，ノートに線を書くように言った。

「自信のある人。線を1本，発表しなさい。」

1つずつ，発表させた。写真のようには，すぐつながった。

「後，1本です。」と説明。

ところが，なかなかあと1本がわからない。

「ダンゴムシがどこにつながるのか」を検討している子が多かった。が，実はダンゴムシは，他の生物と直接はつながっていない。

「わからなければ，答えを言おうか？」と挑発。

さまざまな答えが出る。

「ダンゴムシのふんを，ミミズが食べている？」

「ミミズがダンゴムシを食べる？」

なかなか答えが出ないので，ヒントを出した。

「ヒントをあげます。ダンゴムシは直接どの生き物ともつながりません。他の動物に注目しなさい。」

しばらくして，やっと答えが出た。「カエルはワシにも食べられる」

80

である。
　カエルは，いろいろな動物とつながっていることがわかる。
　最後に指示する。
「この中に，植物と落ち葉を入れます。どこにつながりますか。」
　ダンゴムシは，落ち葉を食べていることは，学習した。これで，食物連鎖の図が完成する。
　発表する子どもが，次々と不正解になっている状況で，教師が「もう，降参かな？」，「先生が答えを教えてあげようか？」などと言うと，子どもたちはがぜん燃える。何としても答えを当ててやろうと思うものだ。

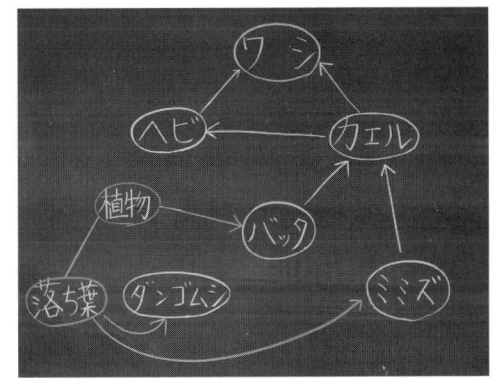

⑤ 隠して問う技術

　資料を見せるときに，一部分を隠す方法をよく使う。子どもの思考を促すためである。
　グラフを理解させたいなら，隠す方法は有効である。隠すということは，そこを強調していることだからである。予想させ，考えさせてから，答えを教えるようにしている。
　例えば，リサイクルでペットボトルの回収率は増えているかどうか，のグラフがあるとする。それを，途中の年度から隠す。
「この先，リサイクルは増えていると思いますか。変わらないと思いますか。減ったと思いますか。」
などと尋ねる。
　子どもはさまざまに予想する。理由も書かせる。発表させる。そして，グラフの続きを見せるというわけである。
　自分の理由は正しかったのかどうかが，気になる。教師の解説を待つようになる。
　子どもは授業にのめり込んでいく。

逆に尋ねる技術

「拇指対向性」を扱った授業である。

まず，アイアイの手の形を見せた。

「この手は，どんな目的で進化したのですか。」

中指だけが細く長い。子どもたちは，この中指を何に使っているのかを想像する。いろいろな意見が出る。

予想させたあとに，答えを示す。

答えは，硬い殻の実の中の果肉を食べるためである。殻が硬いので，指で果肉を取り出しているのだ。硬い殻に手を入れやすい形に，手が進化したことを話す。

次は，逆に問う。

先ほどは，手の形から，手の役割を想像させた。今度は，手の役割から，手の形を想像させる。

「今度は，目的から，手の形を予想してもらいます。」

アンワンティボというサルは，毛虫をよく食べる。毛虫を食べる前に，毛虫の体を両手で10～20秒間マッサージをする。

このマッサージは，毛虫から毛をとるためにしているのである。

「毛虫の毛をとるために，マッサージを続けていました。すると，手がある形に進化したサルが出てきました。どんな形になったのか，予想して手を書いてごらんなさい。」

子どもたちは思い思いの手を描く。ノートを持ってこさせ，板書させる。さまざまな指の形をした手が，黒板に並ぶ。じらしながら，答えをスクリーンに映す。子どもたちは，みんな声をあげて驚く。自分が想像していた手よりも，はるかにおもしろい手をしているのである。

「最初尋ねたことを，逆の形で問う」というのは，子どもの思考を促すことになる。授業が盛り上がるのだ。授業における「定石」の一つである。

🔟 予想させてから答えを言う

　あまり驚きようのない知識でさえ，授業者が伝達方法を工夫することで，それを知ると驚くように演出することができる。
　人間の祖先は，大昔，「魚」であった。「背骨のある魚」だった。
　この化石の写真や図をポンと提示すると，せっかくの知識をドブに捨てるようなものだ。知識は，単に教え込むだけだと，印象に残らず記憶から忘れ去られていく。インパクトを与えるには，まず子どもに予想させるとよい。
「人間の祖先は，どんな生き物だったか？」と尋ねる。
　子どもは，さまざまに予想する。ずっとさかのぼると，海にいた「魚」のような生き物だったことを教える。
「人間の先祖と思われる魚には，今の人間の体にもある，何かの部分がありました。何があったと思いますか。」
　いろいろ出てくるだろう。答えは背骨（脊索）である。
「背骨があることで，背骨がない動物に比べて有利な点がありました。それは何だったのでしょうか？」
　予想させてから答えを言う方法は，オーソドックスであるが，威力を発揮する。
　他にもいろいろと，発問によっていったん予想させてから，答えを言うようにする。
「人間よりも強そうな化石はなかったのか？」
「実は，人間の祖先よりも強い存在は地球上にいたことがわかっている。では，なぜ人間の祖先は生き残ったのか？」
「人間だけが，こんなにも進化したのはなぜなのか？」
　意見が分かれたら，教室は熱気に包まれる。
　いったい何が正解なんだ？　と，わからなくさせることで，答えを聞きたくてしかたない状態にするのだ。

5 特別支援教育に対応する技術

POINT 理科の授業で発達障害のある子に配慮していること

　一人一人の発達障害の種類によって，教師の対応は異なる。
　そのため，特別支援教育において大切になるのは次のことである。

> 一人一人の子どもの発達障害の特性に合った指導を行う。

　発達障害に合った指導があるからこそ，子どもは授業を楽しいと感じるようになる。だからこそ，特別支援教育では，発達障害への理解が欠かせない。
　ただし，発達障害のある子の多くに通用する「原則」がある。
　それは，次の原則である。

> 見通しをもたせる。

　ADHDの子や，自閉症の子は，勉強が苦手であっても，「次にどんなことをするのか。」がわかっていると，理科の授業についてこられることが多い。
　ノートなどほとんど書いたことのない子や，昨年度授業にほとんど参加していない子だって，きちんと授業に参加することができるようになる。
　理科は，実験や観察など，楽しいと思える活動がある。授業中，じっとしているのではなく，動き回れることが多い。理科は，本来，特別支援を要する子にとって，おもしろいと感じることのできる教科である。
　しかし，理科がおもしろくないのは「見通し」がない場合である。

次の指示は，発達障害のある子にとって，かなり難しい指示である。
「実験方法を思いつくまま，自由にノートに書いてごらん。」
「自由にいろいろ実験して試してごらん。」

実は「自由に」という指示は，特別支援を要する子にとっては最も「不自由」な指示なのである。どのような手順を経て，どのような結果が出るのか，見通しをもてないからである。

発達障害のある子にとって，最も混乱を起こしやすいのが，「実験」である。「だいたいこういう実験をこれからするのだな」という見通しをもたせることが極めて重要になる。

「見通しをもたせる」授業とは，どんな授業なのか。以下実践例を示していく。

CASE 見通しをもたせる授業の例

1 実験での配慮

> 今日は何の実験をするのかを，ひと言で示す。

「今日は長い『わ』でも，豆電球の明かりがつくのかを調べます。」
「人の吐いた息に，酸素がどれぐらいあるのかを調べます。」

このように，ひと言で，今日やる実験を示す。教師は，黒板に「今日やること」を書く。子どもには，ノートに「今日やること」を写させる。

「いったい何の実験をしているのか？」と疑問に感じたら，特別支援を要する子どもたちは，やる気がなくなってしまう。
　そこで，授業の最初にこのようにするのである。
　そして，いざ実験に入る段階では，次のような配慮をする。

> 目で見て，どんな実験なのかが，一発でわかるようにする。

　教科書に書かれてある実験の中には，難しいものもある。一目でわからない，ごちゃごちゃした説明が書いてあるものもある。
　次の手順を踏むとよい。

> 1　教師が実験をやってみせる。
> 2　実験で気をつけるところを教える。
> 3　実験ノートを書かせる。
> 4　実験に取り組ませる。
> 5　ほめる。

　いちばんよいのは，お手本として，教師が簡単に実験をしてみせることである。このとき，注意点も説明する。
　そして，ノートに実験方法と準備物を書かせる。
　そのうえで，子どもに実験をやらせる。
　これなら，誰でも実験をスムーズに行うことができる。
　最後は，ほめることが大切だ。きちんとできたことを，ほめる。ほめられるから，「達成感」や「楽しさ」を感じることができる。
　ちなみに，ほぼ毎回，この手順を踏んでから実験をさせていると，次のことが起きる。

> 授業全体の展開に「見通し」をもつことができるようになる。

　つまり，子どもの意識は次のようになる。

「今日は何をするかを，先生は最初に教えてくれるぞ。」
「先生が実験をしてくれた後は，『実験方法と準備物をノートに書く』という作業が待っている。しっかり先生の実験を見ていよう。」
　このように，授業の展開が毎回同じだと，実験への見通しだけでなく，授業の展開への見通しがもてるようになる。
　ちなみに，ノートに実験方法や準備物を書かせる際，教師の「お手本」は極めて大切である。
　私は，4月初期には必ず，実験方法や準備物を，お手本として板書するようにしている。
　自閉傾向のある子や，ADHDの子は，それを，必死になって写す。黒板の文字を視写することで，書くスピードも上がっていく。1時間で，ぎっしりノートに文章と図を書くことができる。
　それをまた，ほめていく。
　ただし，最終的には，実験方法を自分で考え，ノートも自分で書くことができるようにしていきたい。子どもの状況に合わせて，教師の「お手本」を少しずつ減らしていくとよい。
　例えば，次のように指示する。
「先生は，最初だけ実験をやってみせます。途中からは，教科書をよく読んで実験を進めてごらん。」
「準備物だけは，自分で考えてごらんなさい。」
　このように，少しずつ「子どもに任せていく」のである。

③ 自由に実験させる際の配慮

　子どもに，自由に実験をさせる機会がある。
　例えば，次のような場合である。

1　自由に実験をする中で，さまざまなことを発見させたい場合。
2　子どもの疑問を，さまざまな実験によって確かめていく際。

自由な実験を取り入れるときには，以下のことに気をつける。

> **目的をはっきりともたせる。**

　目的もなく，ただ単に「自由に」と言われると，特別支援を要する子は，集中力がなくなることが多い。
　理由は，何をしていいのかわからないからである。反対に，目的がはっきりするとある程度何をすればよいのかはっきりしてくる。
　上の例でいえば，「2」の「子どもの疑問を，さまざまな実験によって確かめていく際」では，目的をもたせやすい。「疑問の解決」がそのまま目的となるからだ。
　例えば，「電流の働き」の授業で，次のことが問題となった。

> 「コイル自体が磁石になって，釘がたくさんついている」のか，「コイルのそばの釘だけが磁石になって，磁石になった釘に，鉄の釘が引きつけられている」のか？

　この問題を確かめるため，自由に実験をしてもよいことにした。子どもから出た疑問を追究するのであるから，目的ははっきりしている。
　しかも，予想できる結果は，「コイル自体が磁石になった」のか，「コイルのそばの釘だけが磁石になった」のか，「コイルも釘も両方，磁石になった」のか，の3つしかない。実験結果の「見通し」をもつことができる。実験方法も，ある程度限定されてくる。
　ADHDの子は，この実験に熱中した。みんなの疑問を解決するという大義名分もあり，やる気が出てきたのであろう。
　反対に，「何でもいいから，いろいろ触ってごらん。」とか，「自由に実験してごらん。」というような，何の目的でこれをしているのかがわからない単純作業は，ADHDの子はとても苦手であった。
　自由に実験をさせる場合は，実験の目的をもたせることが，結果と方法の見通しをもたせることになる。

6 複雑な資料を簡単に読み取らせる技術

POINT ごちゃごちゃした図を読み取る技術

　教科書に図が載っている。
　図を子どもに読み取らせる場合，基本となる指示はこれである。
「気づいたことをノートに書きなさい。」
　この指示で，子どもたちはさまざまな気づきをノートに書く。
　次に，その気づきを発表させる。全員で気づきを共有させれば，図をかなり細かく読み取らせることができる。
　だが，ときに，この指示が使えないことがある。
　教科書の図が，大変ごちゃごちゃしていてわかりにくいときである。ごちゃごちゃしている図を，読み取らせるのは，かなり困難である。できない子は，ボーっとしている状態になる。
　図の解説が必要である。ただし，ごちゃごちゃした図は，教師が説明するのも難しい。
　「図1を見なさい」と指示する。教師が図の意味を解説する……，これですぐにわかるだろうか。これが，意外とわからないものなのである。
　図の情報量が多すぎると，教師がどこを解説しているのかが子どもに伝わらない。そのうえ，説明も長くなり，多くの情報が子どもの頭を素通りするというような状態になる。確かに，子どもの目は絵を見ている。が，絵の細かいところまで，考えられないのである。
　そこで，どうしたらいいのだろうか。

　教科書の絵を見せる前に，同じような絵を教師が板書する。そして，子どもに写させる。

書くことで，図の意味が理解できるという子は多い。

それに，書かせることであらかじめ必要な情報を与えておくことができる。教科書のごちゃごちゃした図を見せたとき，図の細部まで気づかせることができる。

「自分で絵を描いてみる」という作業が，複雑な図の理解を助けるのである。一度，自分で絵を描かせてから，写真や図，絵を見せる。これは大切なテクニックである。

算数でも同じである。教科書の図や絵ですぐに理解できるかと言えばそうではない。自分で絵や図形を描いてみると，わかることが多い。

書くということは考えることなのである。

CASE 5年「流れる水のはたらき」における実践例

5年「流れる水のはたらき」の授業である。

「場所による川の様子の違い」を，理解させる場合。

上流はどのあたりのことを言って，中流はどのあたりのことを言い，下流はどこのあたりかを教えなくてはならない。

といっても，上流，中流，下流は厳密に分けられるものではない。だいたい，このあたりという程度である。が，子どもには便宜上，分けて教えておく必要がある。

教科書には，「川が山から流れ出て，平野部を通り，海にいたる」という絵が載っている。この図が大変ややこしい。写真がごちゃごちゃと挿入されているうえに，写真と絵の隣に問題が書かれてあって，情報量が多すぎるためである。

教科書の複雑な図を見せる際は，簡単にした図を，「前もって一度

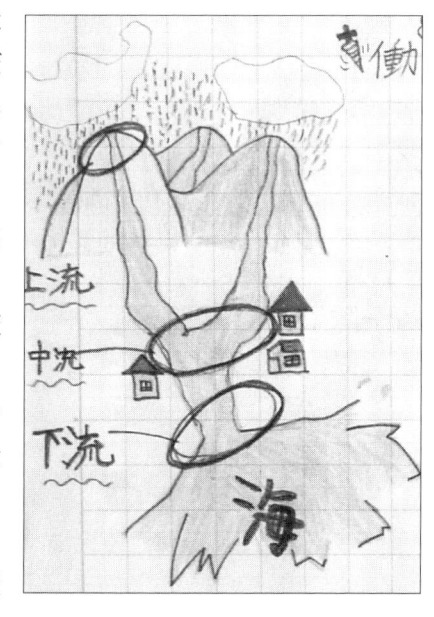

ノートに書かせる」とよい。
　上流から下流の様子まで，一つ一つ，教師が黒板に絵を描いていく。
　子どもは，一つ一つ，絵を写す。
　一つ一つ，簡単に解説していく。
　例えば，次のように，子どもに質問しながら解説していく。
「上流部分はどんなところですか？」
「山が多いところです。」
「中流部分はどんなところですか？」
「畑や田，家などもあって平地です。」
　このようにして，教科書の絵を見せる前に，ノートに一度同じような絵を書かせるのである。
　そのうえで，教科書の図を見せる。すると，不思議なことが起きる。
　大まかな情報は，黒板の絵で説明している。だから，「このあたりが上流で，このあたりが下流だな」ということはわかる。
　大まかな情報がすぐにわかるので，子どもたちは細かな情報にも気づくことができる。
　例えば，「山で雨が降っている」こと。
「小さな川が集まって大きな川になっている」こと。
「平地に出ると，家や田んぼがある」こと。
「川が広がった先に，海が続いている」こと。
　自分で絵を描いてみることで，図を見る目が養われるのである。自分が書いた情報は，すぐに探せるし，自分が書いていない情報は「何だろう？」と考えることもできる。
　図の隅々まで理解できたところで，次のような問題を出して，さらに読み取らせていけばよいのだ。
「上流と中流と下流では，土地の様子はどう違うか。」
「川の流れがいちばん速いのはどこか。」
「削るはたらきがいちばん強いのはどこか。」
「積もらせるはたらきがいちばん強いのはどこか。」

7 子ども主体の学習をつくる技術

POINT どのような時に子ども主体の学習が成立するか

次の条件を満たす時,「子ども主体の学習」が成立すると考えている。

> 自分から進んで「探究」する欲求がわき起こった時。

「知りたい」,「やってみたい」という,「知的好奇心」が引き起こされたときに,子どもは自分から勝手に学習を進めていく。どのように「知りたい」,「やってみたい」という気持ちを引き起こせばよいのかを,例をもとに紹介する。

CASE 知的好奇心が引き出された例

できそうでできない時

理科の「ものづくり」として,CDを使っての「びゅんびゅんごま」を作ったときのことである。

CDを使うと,簡単にこまを作ることができる。CDが重くて大きいため,勢いよく回すことができるからだ。

次に,牛乳のふたで,びゅんびゅんごまを作らせる。

するとどうなるか？

先ほどと違って,うまくこまが回らない。

さっき作ったCDは簡単に回った。ところが,牛乳のふたは回らない。子どもたちは「なぜ？」と疑問をもつ。

ひもを引っ張るタイミングが,こまの大きさによって異なるからである。

疑問を感じると,自然と,いろんな人に相談するようになる。

そのうちに,「やった！ 回った！」という子が現れる。
「どうやったの？」
「なんで？」
　教室は大騒ぎである。
　発見者は,さまざまな子に尋ねられる。
　まだ,うまく説明できない。ただ,CDの時とは,ひもを引っ張るタイミングが違うことはわかる。
　こうして,情報交換が行われる。
　回せそうで回せない。もう少しなのに。
　子どもたちはこまを回すのに必死である。
　教師は,びゅんびゅんごまの作り方の紙を配って,「作ってごらん。」としか言っていない。
　それでも,子どもたちは自分からどんどん追究していく。
　なぜ,子どもたちが自分からどんどんものづくりを進めたのだろうか。
　それは,「簡単に回せるはずのコマが回らないのはなぜか？」という疑問が,子どもの知的好奇心を引き起こしたからである。

自分で解決させる

　環境学習として,「生分解プラスチックは,本当に自然に戻っていくのか」を調べさせた。
　生分解プラスチックは,地中の微生物の働きによって,分解されていく。当然,微生物が数多く集まる場所のほうが,より分解も速い。
　子どもに尋ねてみる。
「生分解プラスチックは,微生物や虫などが食べて,自然に戻っていきます。自然に戻す方法として,どんな方法があるかな？」
　子どもは,実にいろいろな方法を考える。
　1　用水路の泥をバケツにとって,ビニール袋を入れておく。
　2　畑に埋めておく。
　3　バッタが食べるかどうか実験してみる。
　4　ビニール袋を堆肥の中に埋めておく。
　子どもが考えた方法の,全てを認めていく。
　自分たちで考えた方法で,実際に確かめさせる。
　自分で考えた方法なので,子どもは,かなり熱中する。

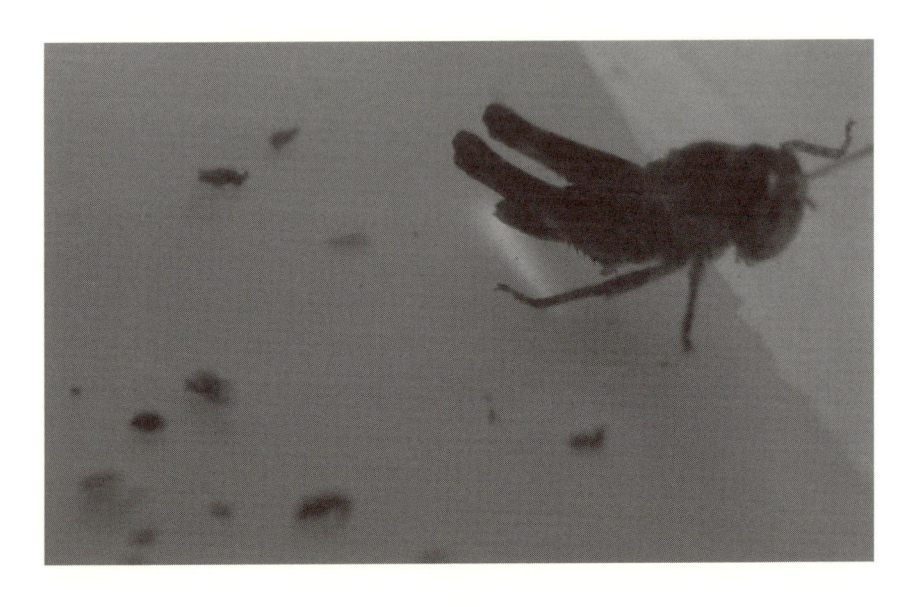

3年生は，理科で昆虫の学習がある。さっそくバッタの飼育箱に，生分解のビニール袋を入れた子がいた。

　そして2日後，なんとバッタが袋を食べたのである！　しかも，「ふん」まで生分解プラスチックそのものである。バッタはというと，元気に飛び跳ねている。食べても平気なのだ。この事実に子どもたちも私も，声をあげて驚いた。

　実験の後，子どもたちは，生物に分解される素材について興味をもった。インターネットや，インタビューなどで，いろいろな生分解プラスチックについて調べ学習を行った。

　疑問を「自分で考えた方法で確かめさせる」という方法も，主体的な学習を促すことになる。

8 科学的な思考力を伸ばす単元展開の技術

POINT 活用を意識することが大切

科学的な思考力を伸ばすために，次のことを意識している。

> 習得した「知識と技能」の「活用場面」を用意する。

単元で学習した知識と技能を使って，応用問題を解かせる機会をつくっていく。

例えば，てこの学習の後で，問う。
「次のもので，支点，力点，作用点を示しなさい。」
・はさみ
・せんぬき
・くぎぬき

簡単そうで，意外と難しい。物によっては，子どもの意見が分かれる。もちろん，実際に使用させてみてから，問うのである。

子どもに，絵を描かせ，支点，力点，作用点を決めさせる。次に，なぜそう考えたのかの理由を説明させる。

今までに学習した知識と技能を思い出しながら，根拠をもって，問題を解決していくような力を養いたい。

CASE 活用を意識した授業

単元の最後に，発展学習を用意することが多い。今までの知識と技能を総動員して，活用する場面を設定するわけである。

5年「ものの溶け方」の学習を終えて，次の問題を出した。

> 「ホウ酸と食塩と砂の3つが混ざった液」があります。
> 水温は，45℃前後です。
> ホウ酸と食塩と砂を，別々に取り出す方法を考えなさい。

　実験方法は，班で相談させた。
　相談して実験方法が決まった班から，ノートに実験方法を書かせた。
「実験方法が書けたら，見せにきます。」
　あまりにも，無謀な実験方法だった場合は，もう一度班で相談させた。
　例えば，「いきなり蒸発させて，出てきた物を，虫眼鏡で見ながらピンセットで分離する」という方法である。ある程度見分けは可能にしても，時間がかかりすぎて現実的ではない。
　最も的確な方法をあみだした班は，8班中の4班である。

> 1　まずろ過をする。砂がとれる。
> 2　次に，ホウ酸と食塩水の混合液を冷やす。ホウ酸が出てくる。
> 3　ろ過すると，ホウ酸が手に入る。
> 4　残ったろ液（食塩水）を蒸発させる。

　これで，分離できる。
　ただし，厳密には，0℃まで冷やしてもホウ酸がすべて出てくるわけではないので，最後に取り出した食塩には，ホウ酸も少し混ざっていることになる。
　これ以外のやり方には，次のようなものが出た。
・ろ過をして，砂を取り出した後，蒸発させて，食塩とホウ酸をピンセットで分離する。
・冷やして，ホウ酸が出てきたものを，ろ過する。砂とホウ酸が分離される。砂をピンセットで取る。ホウ酸も，スプーンでとる。

少しやり方は違うが，取れないことはない。だが，見分けてピンセットでとる方法は，時間がかかりすぎる。
　ところが子どもたちは，この方法で心底できると信じているのである。そこで，とりあえず実験をさせてみた。「できなかった」という体験も大切だ。
　ピンセットでやろうとする班は，きっとできると考えていた。だが，やってみると，虫眼鏡で見てもなかなかわからない。蒸発させてみると，混ざっていて分離不可能なのだ。こういうのがわかるのも一つの勉強である。
　1時間で，実験方法の相談と，実験とを両方行うことができた。
　かなりのハイペースである。
　4人班の4人ともが，実験技能に習熟していないと，不可能なレベルである。
　今まで，ペア実験や一人実験にこだわって，できるだけ実験器具に触れる機会を保障してきた。そうすることで，ずいぶんと技能が向上した。だからこそ，1時間で結果まで出すことができたのである。
　単元の最後に，今までの知識と技能を総動員して解くような問題を用意することで，科学的な思考力を鍛えることになる。

9 授業の失敗を避ける技術

POINT なぜ授業が失敗するのか

5年「ふりこの運動」の授業を見た時のことである。

ふりこがどのように揺れるのかを，観察させる場面であった。

ところが，ふりこの動きが非常に悪い。教師の自作のふりこである。ふりこをつり下げている棒と糸との摩擦が強すぎて，ふりこが不規則に動いてしまっていた。

そのときの，教師の指示は次のようなものだった。

「音楽にふりこの動きを合わせなさい。」

動きの悪いふりこなので，音楽のテンポに合わせることは，かなり困難であった。しかも，その音楽は途中でテンポが変わるというもので，なおさら，ふりことテンポを合わせるのは困難であった。

この授業の何がいけなかったのか。

授業者は，反省で次のように述べた。

「一度，自分でも実験をしておけばよかったと思います。」

授業の失敗を避けるためには，次の点が絶対に必要だ。

> 予備実験をして，注意点を教師が理解しておくこと。

予備実験をしておくことは，授業を成功させるための，絶対の条件である。

予備実験を自分でやってみれば，自分なりに注意するところがわかる。

注意点がわかっているから，子どもが失敗しそうな時に，教師は臨機応変に対応することができる。

CASE 失敗を避けるための技術

🗒 教材の準備

　私の場合，市販の教材があるのなら，できるだけそれを使うようにしている。

　教師が自作で準備したものよりも，優れていることが多いからだ。

　教材開発も大切だが，すでに市販のものがあるのに，いちいち素人が作らなくてもよいと考えている。なぜなら，教師の自作の教材は，劣悪なものが多いからだ。実験の誤差が出ないようにするには，プロが作った教材がよい。

　そのため，教材のカタログを定期的に見るようにしている。

　よさそうな教材があったら，購入希望を出す。

　ただし，教材がない場合や，あっても高価な場合は別だ。その場合は，自作の教材を作ることはある。

　また，河原の石や，堆積岩などを用意する場合など，自然の物で，普通に学校の周りにあるものは，採取してくればよい。

🗒 子どもがミスをしやすいところを教師が把握しておく

　実験や観察によって，起こりやすい失敗事例というものがある。

　失敗事例を，知っておくことは，授業の失敗を避ける上で，極めて大切なことである。

　例えば，次のような失敗はよくあることである。

1　メダカの卵の観察で，シャーレの水が干からびる。
2　ヨウ素液の反応に時間がかかっているだけなのに「反応なし」と判断してしまう。
3　ホウセンカなど，育てていた植物が水不足で枯れる。
4　水中の微生物を顕微鏡観察している時に，何も見えない。

　よくある失敗例を知っておくと，「どうやったら失敗を回避できるのか」，ということも考えることができるようになる。

　例えば，ヨウ素液を使う実験。

教科書は、種子だけをヨウ素液にひたして、でんぷんの有無を調べることになっている。
　そこを変えて、さまざまな物で調べるようにする。
　含まれるでんぷんの量によって、変化する色の濃さが違う。「米」はすぐに色が変わるが、インゲン豆などの種子は、なかなか色が変化しないように見える。しかし数分待つと、インゲン豆の色も変色する。このような現象を見せて、「ヨウ素液をつけてから、しばらく経ってから色が変わるものもある」ということを教えていく。
　また、水中の微生物で、ミジンコを観察しようとしたのに、観察できなかったというようなことはよく起きることだ。田の水の中で、ミジンコがたくさんわいている水をとってこないと、ミジンコの観察は難しい。
　さらに、たくさんわいている水をとってきたとしても、ピペットなどで、ミジンコを吸い取って見ないと、観察はできない。
　失敗例を知ることで、準備や子どもへのアドバイスも変わってくる。

10 授業を反省し今後に生かす技術

POINT 授業のどこを振り返るべきか

1単元の授業を教えた後に，授業の反省を行う。

> A 授業前と比べて，子どもの学力（知的好奇心，思考力，知識・技能）は，伸びたか。
> B 教え方（教材・授業のやり方）は，効果的だったか。

学力で言えば，例えば次の点を振り返るようにする。
・「子どもたちは，楽しく学べたか。」（知的好奇心）
・「科学的な思考力や，問題解決の能力は育ったか。」（思考力）
・「この単元で教えたい知識や技能は，習得できたか。」（知識・技能）

PISAなどの国際調査では，理科に対する意欲が低くなっているという傾向が明らかになっている。

知識と技能の習得率だけでなく，意欲的に学べたかどうかも，反省するとよい。

授業のよしあしを判断する「基準」となるのは，次である。

> 1 テストの平均点。
> 2 学期末に行う「理科は楽しく学べましたか。」のアンケート。
> 3 子どもの授業中の様子。

CASE 反省の実物記録例

反省は，必ず文書として残すようにしている。
今後の授業に生かすためである。
以下，5年「ふりこの運動」の授業を行った後の，実際の反省の文書の一部を抜粋して紹介する。

「ふりこの授業」単元終了後の反省

　テストの「結果」と「目標」を比べて，「手段」がふさわしかったかどうかをチェックする必要がある。
　今回の「手段」は次である。

発問：『糸の長さでふりこの1往復の時間は変わる。では，糸の長さを変えずに，1往復の時間を変える方法を考えてノートに書きなさい。』

　発問を与え，子どもに探究させるという授業を行った。

　探究型の授業をして効果があったのは，次である。
①実験の条件統一を考えて実験をすることができるようになった。
②記録の仕方を身につけることができた。
③「自分で実験方法を考えて，進んで実験をする」態度を養えた。

　ただし，多少の混乱も見られた。
　市販のテストの中で，次の問題があった。
「何がふりこの往復の時間を決めるのか」
　テストでは，この問題の解答として，「糸の長さ」だけが示されている。

この問題に，答えにくい子もいた。
　なぜなら，次のようにすると，ふりこの往復の時間が変わったからである。
①おもりの上に粘土をつける。
②おもりを縦につなぐ。
③ふりこの振れ幅をかなり大きくする。

　授業では，「支点からおもりの中心までの距離が変わると，周期も変わる」というようにまとめていた。
　このまとめをもっと強くすべきであった。

　理科では，詰めの指導が大切である。
　子どもに実験をさせた回数が多いほど，教師は達成感を感じやすい。しかし，実験だけでなく，ここからさらなる詰めの指導が必要である。

　そのため，まとめをしっかりとしなくてはならない。
　単元全体でわかったことは何なのかを，「子どもの言葉で」ノートにきちんとまとめさせる。そして，全体の場で「何がわかったのか」を共有させる。だから，勉強の苦手な子も理解できるのである。
　次のようにまとめればよかった。
「ふりこの周期は糸の長さだけで変わる。糸の長さとは，支点からおもりの中心までの長さである」

改善案
①まず，ふりこの周期が変わる条件を1つ押さえる。
　・糸の長さが変わると振れ方が違う。往復の時間も違う。

②次に，ふりこの周期が変わらないという条件をはっきりさせるべきだ。

・おもりの重さでは変わらない。
・振れ幅でも変わらない。（ただし大きすぎると変わる。）
・勢いでも変わらない。
・おもりを大きくしても変わらない。（重心がずれると変わる。）

③ここまでやってから，さらに，糸の長さ以外で変わる条件を調べるべきだ。
・おもりを縦につないだ場合遅くなる。
・おもりを上につないだ場合（粘土をつけた場合）速くなる。
・糸を重くすると速くなる。

つまり，教える内容には，「段階構造」がある。
ステップがあるのである。

①は比較的理解しやすい。目で見て一目瞭然である。
②は少し理解しにくい。生活経験で得た素朴概念とは反する事実である。ふりこの周期が糸の長さだけに関係していることを学ぶ。
③はさらに理解しにくい。せっかく，「ふりこの周期が糸の長さだけで変わる」ことを学んだのに，「糸の長さが同じでも周期が変わる場合がある」ことを学ばせようとしているためだ。

教える内容に順序をつけておくべきだ。
A　周期が変わらない場合だけを調べる。
　　例：おもりの重さ，振れ幅，勢いなど
B　糸の長さが同じなのに，周期が変わる場合を調べる。
　　例：おもりを縦に（上にも下にも）つなぐ，大きな振れ幅など

Aを全部やって，周期が変わらないことを確認し，「ふりこの周期は糸の長さだけで変わる」ことを何度も押さえなくてはならない。
ここまでをしつこいぐらい押さえてから，「糸の長さとは，支点か

らおもりの中心までの長さである」ことを押さえるようにする。
　Aの活動をたっぷりとしてから，Bの活動へと進むべきだ。

　教える内容には難易度によって段階に分けられる。
　難易度の高い問題と低い問題をごちゃごちゃにしてはいけない。
　感覚的に理解できる易しい内容から，だんだんと素朴概念では理解できにくいものに移り，最後に，科学的な知識をもう一度振り返ることのできるような問題配列にすべきだ。
　つまり，理科の教育内容の難易度による段階構造は次のようになる。

（1）　感覚的に理解できる易しい内容から学習する。
　　　（糸の長さによって周期が変わる＝見ればわかる）
（2）　素朴概念からは理解しにくい内容を学習する。
　　　（おもりを重くしても周期は変わらない。触れ幅を大きくしても周期は変わらない。つまり，周期を変えるのは，糸の長さだけである。）
（3）　獲得した科学的な知識をもう一度確かめる問題を出す。
　　　（糸の長さとは，実は支点からおもりの中心までの距離のことである。）
　どういう問題を出せばよいか。
　問題例1　「おもりを下に向かって縦につなぐと，周期はどうなるか？」
　　　⇒長くなる。
　問題例2　「おもりを上に向かって縦につなぐと，周期はどうなるか？」
　　　⇒短くなる。
　問題例3　「2つの実験から言えることは何か？」
　　　⇒おもりの中心までの距離がずれると，周期も変わる。

（4） 全体としてどうなのか。まとめを行う。
　①周期は糸の長さだけで変わる。
　②おもりのおもさや振れ幅では変わらない。
　③糸の長さとは，支点からおもりの中心までの距離である。

最後には，ノートまとめとプレテストを行う。これで完璧になる。
実験だけやって満足しないこと。
まとめをきちんとさせないと，できない子はできないままである。

IV

学習技能を習得させるための
授業技術

1 詳しく観察する技能

POINT 観察の目を養うために

詳しく観察させるためには，次の点を子どもに教えなくてはならない。

> どういう点を観察すればよいのか。＝「観察項目」
> 観察はどのようにすればよいのか。＝「観察方法」

「観察項目」とは，例えば，次に示すものである。
- 「色」
- 「大きさ」
- 「数」
- 「形」
- 「におい」
- 「重さ」
- 「味」
- 「音」

「見る」だけではなく，「においをかぐ」，「音を聞く」などの五感を使って観察させていくようにする。
「観察方法」とは，次の2つである。

> 1 何かと比べる。
> 2 何かと関係づける。

2つ以上の物を比べたり，関係づけたりしながら，観察させていくようにする。

Ⅳ　学習技能を習得させるための授業技術

　「観察項目」を意識させ，「観察方法」を習得させるには，次の方法が有効である。

> 個別評定する。

　観察の機会を確保し，観察の仕方のよしあしを判定することで，観察の技能は向上していく。

CASE　観察の目を鍛える実践

1 気づきの「数」を評定する

　4年理科の授業開き。最初の単元は，「あたたかくなると」である。春の動物や植物を観察し，記録する。

　授業の最初に，指示する。

「今から春の様子を観察しに行きます。どんな小さなことでもいいですから，観察してわかったことや，気づいたこと，思ったことをノートに箇条書きにしなさい。」

　観察を20分で切り上げてから，教室に戻る。最初なのであまり多くは見つけられない。記録の多い子で20数個というところである。

「記録したのが5個以下の人はB，6〜10個はB°，11〜15個はA，16〜20個はA°，21個以上はAAとしておきなさい。」

　たくさんの気づきを書ける人が伸びることを教えていく。

2 気づきの「質」を評定する

　次に，観察記録の個別評定を行う。

　最初なので，次の気づきが圧倒的に多い。

> 「目についたもの」を書いている。（評定B）

　例えば，「花があった。」，「虫がいた。」というようなメモを書いている。このような目で見た気づきは，評定Bとする。

111

ただし，目についたものの中で，詳しく書いているものがある。

> 色，大きさ，形，数に注目している。（評定 A）

例えば，「青い花があった。」とか，「花びらは5枚だった。」というような発見である。こういった，少しでも詳しく書けている「気づき」を取り上げて，ほめていく。評定で，「A」をつけさせる。

さらに，目についたもの以外の「気づき」も書いている子がいる。

例えば，「小鳥の鳴き声がした」，「いいにおいの花があった。」というような気づきである。

> におい・音・味・触れた感じなど，五感を使って調べている。（評定 A）

五感を使って調べた気づきがあったら，ほめていく。
「見るだけではなく，音を聞いたり，においをかいだりすることも観察ですね。よく気づきました。」

これも，詳しく書けているので，評定を A とする。

さらにレベルが高くなってくると，「春なのであたたかい。」のように，「季節と温度を関係づけている発見」や，「運動場よりも中庭の方が虫が多い。」などのように「比べている発見」も出てくる。

> 「比べる」，「関係づける」気づきを書いている。（評定 AA）

子どもの「気づき」は，黒板に書かせるとよい。
板書された子どもの「気づき」を，教師が評定していく。
最後に次のように指示する。

> 「自分の気づき」を，自分で評定してごらん。

ノートに箇条書きされた「気づき」を自分で評定させる。
観察の方法のよしあしを，子どもが判断できるようになる。

3 発問と文型で観察の技能を伸ばす

次回の観察では，もっと詳しいことまで調べることができるように，発問で導いていく。
「冬と比べて，どんな違いがありましたか。(比較)」
「これは春だという証拠はありましたか。(関係づける)」
「昆虫が多いのは，中庭にどんな植物があったからですか。(関係づける)」

このように，発問によって「対象を見る視点」を養っていくようにする。
さらに，文型も子どもに示す。
3年生で習得する「比較」のための文型は，次である。

> 「○○は～だけど，□□は～だ。」
> 「○○と同じで，□□も～だ。」

例えば，「冬には桜は咲いていないけど，春になると咲いてきた。」のような意見になる。
4年生で習得する「関係づける」ための文型は，次である。

> 「○○の時は，～になる。」
> 「○○なのは，～だからだ。」

例えば，「春には，花がたくさん咲く。」，「虫が多いのは花が多いからだ。」のように記録する。
次回からの観察は，子どもたちのやる気が違う。必死になって観察する姿が見られる。特に，においや音，数などに注目するようになる。

② 観察結果を記録する技能

POINT 観察記録を書かせる

観察記録を，何に書かせるか。

> ノートに記録をとらせる。

プリントだと，しわになる。なくす子もいる。

ノートだと，そうなくす子はいない。いつでも振り返ることができる。

また，ノートに書かせることで，「観察記録のフォーマット」を書く力も養うことができる。

フォーマットは毎回同じにする。後で見直したときに，わかりやすい観察記録にするためである。

また，観察で大切なのは次のことだ。

> 大きくスケッチさせる。

小さいものでも，大きくスケッチさせる。

ルーペの用意が欠かせない。できるだけ，全員にルーペを一つずつ用意したい。

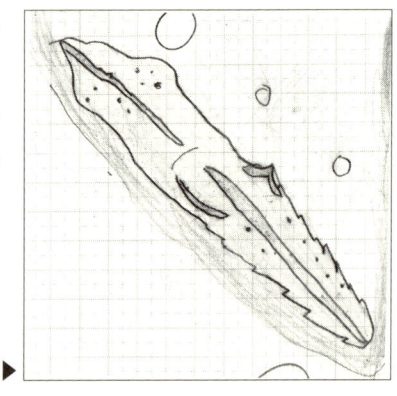

モンシロチョウのさなぎ▶

CASE 観察記録をどう書かせているか

観察記録のフォーマットを指定する

観察記録には次のことを書く。

```
1  日付（時刻）
2  調べるものの名前
3  全体のスケッチ
4  部分のスケッチ
5  スケール
6  気づいたこと
```

植物のスケッチなら,「天気」や「気温」も書いておくとよい。

スケッチは,全体と部分の2種類を描かせる。花や葉などの部分を,ルーペで観察させ,スケッチさせるわけである。

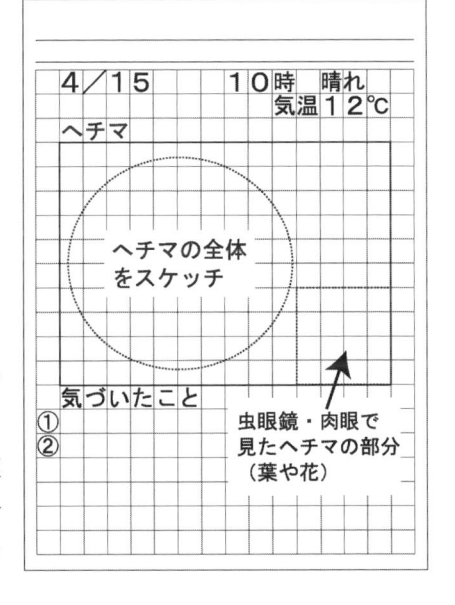

部分に注目することで,思いもよらない発見をすることもある。

例えば,植物の葉に「脈」がたくさんあることに気づく子がいる。茎に毛のようなものがあったり,根の色が途中で変わっていたりする。

昆虫の観察でも,部分に注目させるとよい。

例えば,青虫の足に注目させることで,「とがった足」と「まるい足」とがあることに気づく子もいる。

観察していて,気づいたことは,①,②と箇条書きにさせていく。

観察記録は1ページで終える。

3年の理科では,2種類,または3種類の植物を育てる。例えば,ホウセンカとコスモスの成長を比べたい時に,左側にホウセンカの観察記録,右側にコスモスの観察記録をとると,左右のページで比べさせることができる。

毎回同じフォーマットなので，だんだん子どもたちも観察ノートをつくるのに慣れてくる。最終的には「観察をします」と指示するだけで，すぐに書くことができるようになる。

正確な観察記録にする方法
　スケッチの仕方にはコツがある。放っておくと，子どもは我流で記録をしてしまうことになる。

> 観察の記録には正確さが求められる。

　理科のスケッチは，図工の時間のようにうまく描く必要はない。ただ見た物をそのまま正確に描いていくことが大切なのである。
　正確に記録するには，図工のラフスケッチのように，鉛筆で何本も線を入れたり，「影」を入れたりする必要はない。
　さらに，何も指導しないでスケッチさせると，「想像」で描いてしまう子も出てきてしまう。
　そのようにならないためには，次のように指示する。

> ゆっくり1本の線で描きなさい。

　ゆっくり線を描かせるのは，よく観察させるためである。また，1本の線で描かせるのは，例えば植物の場合，葉の葉脈はどうなっているのか，葉は茎のどこから出ているのかをよく観察しないと描けないからである。
　最初は，「種」のスケッチなど，簡単なもので指導するとよい。
　1本の線で描けていないとやり直しをさせる。
　教師が観察記録の仕方をきちんと指導することで，子どもの観察記録は美しく変化していく。

6/15　ホウセンカのかんさつ

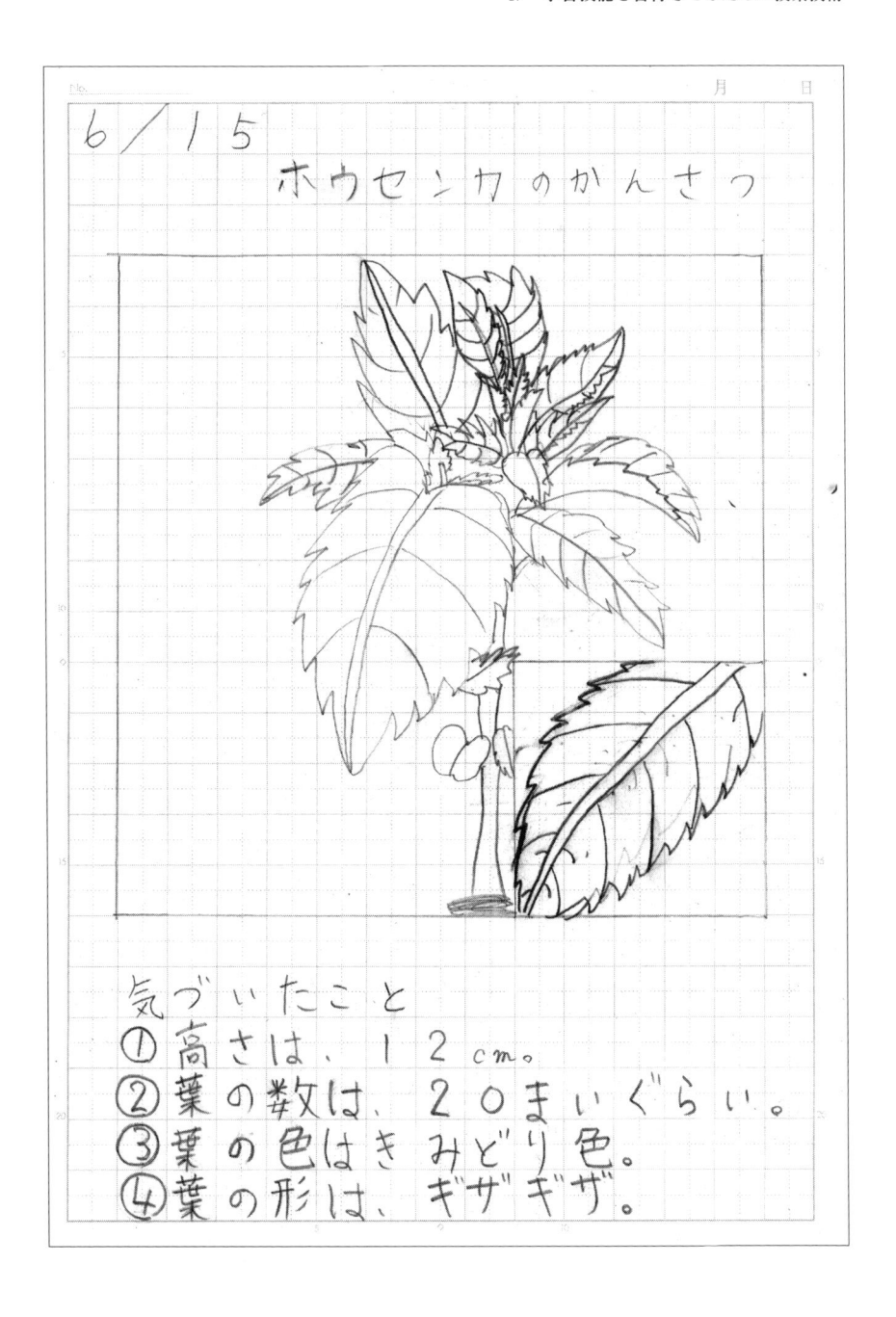

気づいたこと
① 高さは、12cm。
② 葉の数は、20まいぐらい。
③ 葉の色はきみどり色。
④ 葉の形は、ギザギザ。

3 実験を正確に行う技能

POINT 正確さを保障するポイント

教科書どおりの実験を行う場合，求められるのは「正確さ」である。実験を正確に行うためのポイントは，次である。

> 実験ノートを書かせる。

実験ノートは，観察ノートと同じく，毎回同じフォーマットで書かせるようにする。基本的には，次の項目を，毎回書かせていく。

1　実験の目的（課題）
2　実験方法
3　準備物
4　結果の予想
5　気づいたこと
6　結果
7　結論

ノートは，見やすいように「見開き2ページ」でまとめさせるとよい。

CASE 実験のさせ方の実践例

教科書どおりの実験をする場合，教科書に準備物があらかじめ書いてあることが多い。しかし，教科書を写したからといって，準備物が全部そろうわけではない。

例えば，アルコールランプを使う実験。準備物にアルコールランプと

書かれていても,「マッチ」や「水」,「燃えかす入れ」などは書かれていない。安全のために,「ぬれた雑巾」も必要だ。

一度もやったことのない実験をするときに,頭の中だけで準備物を全て考えることは,かなり難しい。そこで,難しい実験を行う場合や,初めての実験の場合は,次のようにする。

> **教師が途中までやってみせる。**

「教師がやってみせてから,子どもにやらせる。」特別支援を要する子には,特に有効な指導技術である。

例えば,酸素をつくる実験の場合。教科書には,「フラスコに少量の二酸化マンガンを入れ,右のような装置を組み立てる」となっている。

右の図とは,酸素を発生させる装置のことである。ざっと考えただけでも,フラスコ,ろうと,ピンチコック,ゴム管など,たくさんの準備物が必要である。子どもは実験のイメージもできなければ,準備物のイメージもわかない。

そこで,まずは,教科書を音読してやる。

次に,教師が一度やってみせる。

「二酸化マンガンをどれだけ入れるのか？」,「どうやって組み立てればいいのか？」,「何が必要なのか？」などを,説明しながらやってみせる。演示実験を行えば,どの子も実験のイメージをもつことができる。

演示実験をした後に言う。

「今,先生が見せた実験のやり方を,ノートに書きなさい。」

実験方法を「箇条書き」させていく。

教科書を見てもよいことにする。教科書の文章を写せばよいので,勉強の苦手な子も書くことができる。

早く書けた子には,時間調整のために,次のように言う。

「早く書けた人は,実験の図や絵も書いておきなさい。」

実験方法がひと通り書けたら,次の指示を出す。

「実験に必要な準備物を,ノートに書きなさい。」

10/27

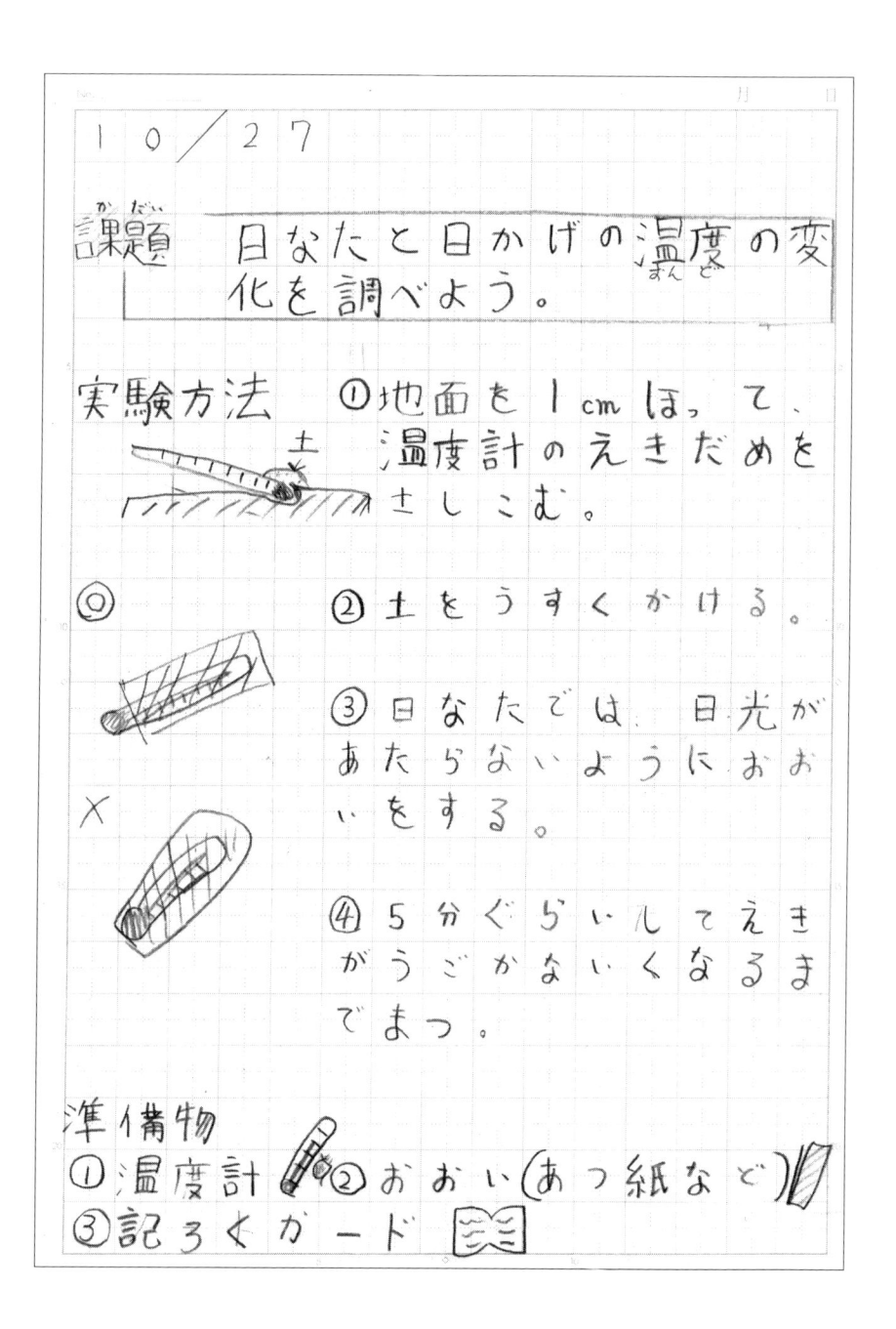

| 課題 | 日なたと日かげの温度の変化を調べよう。 |

実験方法　①地面を1cmほって、温度計のえきだめをうしこむ。

② 土をうすくかける。

③ 日なたでは、日光があたらないようにおおいをする。

④ 5分ぐらいしてえきがうごかないくなるまでまつ。

準備物
① 温度計
② おおい（あつ紙など）
③ 記ろくカード

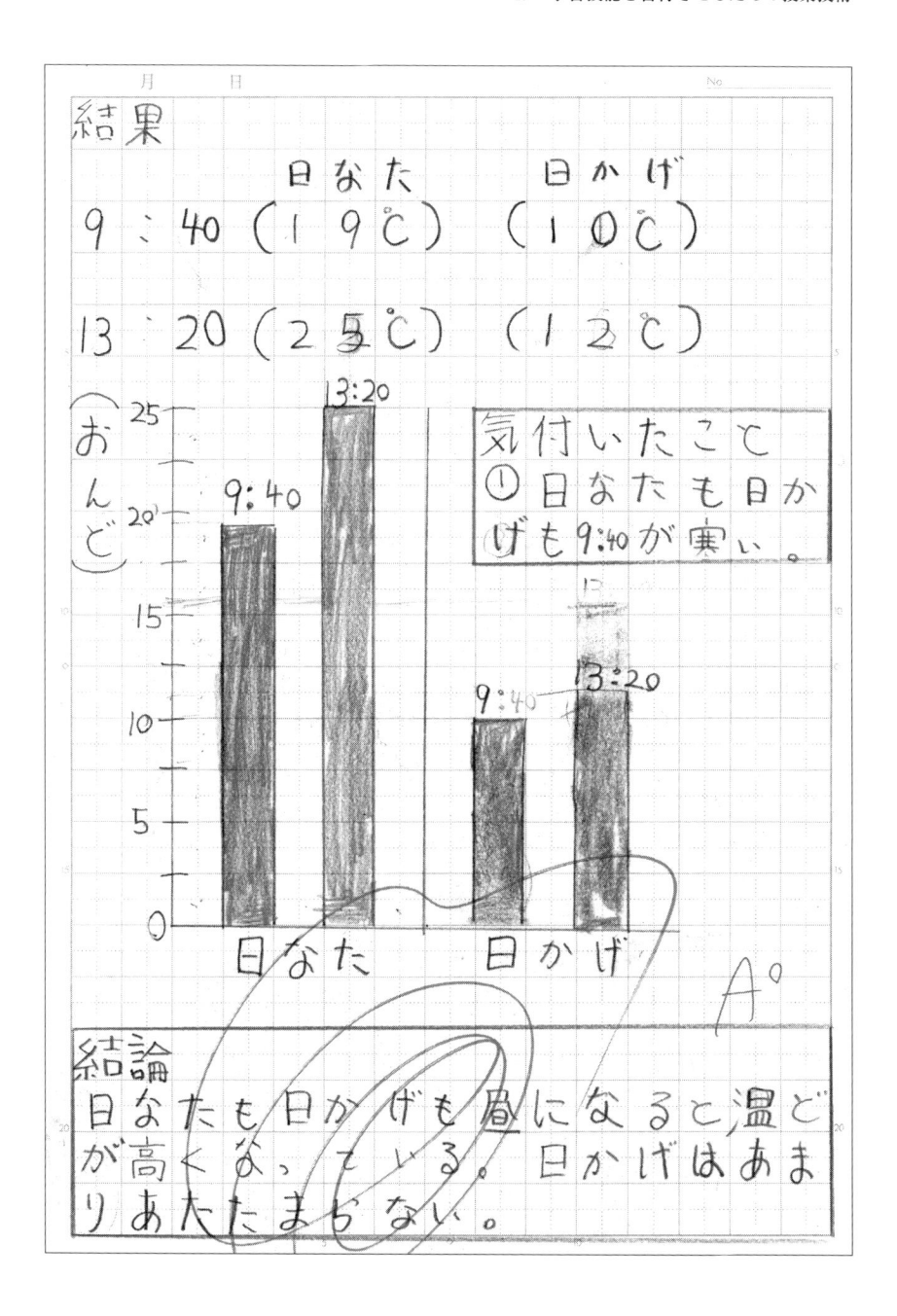

結果
　　　　　日なた　　　日かげ
9：40（19℃）（10℃）
13：20（25℃）（12℃）

気付いたこと
①日なたも日かげも9:40が寒い。

結論
日なたも日かげも昼になると温どが高くなっている。日かげはあまりあたたまらない。

A○

今やってみせたのだから，思い出しながら書くことができる。

思い出せない子もいるので，次のように言ってあげる。

「班で相談してもかまいません。」

「教科書を見てもいいです。」

一度見せた実験を，もう一度ノートに再現していくことになる。記憶力が試される。子どもたちはこの作業に集中して取り組む。やるべきことが明確に示されているので，混乱はない。

実験に習熟してきたら，教科書を音読して，すぐに「実験方法」と「準備物」を書かせる場合もある。

実験後には，結果を書かせる。結果の後で，気づいたことを書かせる。結果や気づいたことは，全体の場で発表させる。情報を共有させるためである。

最後に，結論を書かせる。課題に対する答えが，結論である。

課題が，「日光に当たった葉には，でんぷんができるかどうか調べよう」なら，結論は，「日光が当たった葉には，でんぷんができる。」のようになる。

4　実験を安全に行う技能

POINT　安全には作法が必要になる

　安全に実験できるようになるためには,「実験の作法」を知らなくてはならない。

　作法とは,例えば次のものを指す。

> 1　机の上を片づけてから準備を始める。
> 2　実験器具を運ぶ時は両手で持つ。
> 3　よい姿勢で実験する。

　とりあえず,上の3つだけは,最低限身につけさせたい「実験作法」である。作法をきちんと身につけておくことが,実験の余計な失敗を防ぐことになる。

　ただし,実験の作法がきちんとしていても,事故を完全に防ぐことはできない。

　事故が起きた時の対処法を,あらかじめ教えておくべきだ。

　例えば,次のようなことである。

「薬品が服や肌にこぼれたら」→「すぐに水で洗いなさい。」
「アルコールランプのアルコールがもれて机に火がついたら」→「ぬれた雑巾をかぶせなさい。」
「ガラスが割れたら」→「絶対に触りません。先生に報告しなさい。」

　これらの注意事項を,ノートに書かせることが大切だ。

　実験方法を書く際に,「注意点」も書くように指示するとよい。

CASE 作法をどうやって教えるか

　教科書どおりの実験を行う場合，私は途中まで実験をやってみせることがある。
　いわゆる演示実験である。
　この演示実験をしながら，実験の作法を教えていけばよい。
「実験の前，机の上には，余計なものは置きません。」
　こう言って，理科実験室の教卓をきれいにすることから始める。
「なぜ，机の上の荷物を片づけるのですか。」
　このように尋ねてみる。
　子どもから，いろいろな答えが出るだろう。
「ノートがぬれないようにするため。」
「火を扱う時に，燃えるのを防ぐため。」
「実験器具が落ちたり，なくなったりするのを防ぐため。」
　発表した子をほめていく。
　次に，実験器具の準備をする。
　ここで，準備の仕方をやってみせる。
「ビーカーは，ここにあります。ここから運んできます。」
　こう言って，実験器具がある棚から，取ってくる。
「実験器具を持ち運ぶときは，両手で運びます。落として壊れるということが，いちばん多いのです。誰かにぶつかっても落ちないように，両手でしっかり持って運びなさい。」
　このように，簡単に理由を説明する。
　理由を説明されるから，子どもも納得する。
「実験は，よい姿勢でやります。立つと，姿勢が安定することが多いです。」
「座って足を組んだまま実験をするというのは，体が安定していないので，危険です。物が落ちたり，危険な薬品が服にかかったりするかもしれません。」
「安定できる姿勢で行います。安定できていれば，座って実験してもか

まいません。」

　立って実験をさせると姿勢が安定する。「実験中は，立つとよい」と教えることで，集中したい実験の時などは，立って慎重に実験をするようになる。

　このように，演示実験をしている最中に，実験の作法を説明していくようにする。

　実験における注意点も，演示実験のときに言っておく。

　特に，小学校で危険なのは「アルコールランプの使い方を誤ったとき」である。

「中のアルコールが少なくなってきたら，火を止めて先生に言うこと。」
「万が一，こぼれたら，あせらずにぬれた雑巾を上に乗せること。」

　このように，注意点を説明する。

　実際に，アルコールをこぼしてみて，火をつける。そして，ぬれた雑巾を置くと火が消える様子を示してやってもよい。

　あとで必ず，実験の注意点をノートに書かせておく。

5 実験技能

POINT 実験技能を習得させるポイント

　実験技能を確実に習得させるためには，次の点が大切だ。

> 実験道具を使う機会を何度も保障する。

　例えば，顕微鏡。使い方を習得しないまま中学校へ進学し，困る子がいる。これは，小学校の授業が悪い。何度も顕微鏡を使う機会を確保しなかったせいである。倍率を変えた観察の機会を確保してやるべきだ。
　例えば，水中の微生物の観察。
　1回めは，ミジンコを探すように指示する。倍率は50倍程度である。
　2回めは，ミジンコ以外を探すように指示する。倍率は，100倍程度にする。前回やった時より小さな微生物が，たくさん水の中にいることがわかる。
　3回めは，コケの中の微生物を探させる。これも倍率は100倍程度。
　このように，観察の対象を変化させながら，繰り返し何度も顕微鏡を使わせているから，だんだんと実験技能に習熟してくるのである。
　顕微鏡は，最低でも2人に1つ用意する。できれば，1人に1つほしい。4人で1つだと，使用する時間が激減する。元気な子ばかりが，顕微鏡に触っているというような状況が生まれる。できるだけ，長い時間，何度も実験道具を使う機会を用意したい。
　実験技能向上のためには，さらに，次の点を押さえておく必要がある。

> 実験道具の使い方の手順を，ノートにまとめさせる。

初めて出てきた実験道具があったら，その使い方をきちんと教える時間を確保しなくてはならない。

　私は，実験道具の使い方だけで，1時間全ての時間を使うこともある。

　なぜなら，たった1時間で実験道具の使い方を教えながら教科書の載っている実験までさせるとなると，無理が出てくるからだ。

　最後に，テストを行う。

> 正しく使えているかどうか，個別評定を行う。

　自信のある子から，テストに挑戦する。教師の前で，実験道具を使ってみせる。合格した子は，先生役になる。友達の実験の合否を判定させる。
　このようにして，全員が合格するまで，実験道具を何度も使わせる。

CASE　実験道具の使い方をどう教えるか

1 電流計の使い方を教える

　実験道具の使い方は，次の手順で教えていく。

> 1　まず，教師がやってみせる。使い方のポイントも説明する。
> 2　子どものノートに使い方を書かせる。
> 3　子どもに実験道具を使わせてみる。
> 4　最後に，評定を行う。（できていれば，ほめる。できていなければ，教える。）

　5年生の「電流のはたらき」の授業。

　電流計の使い方を教える。

　電流計の使い方だけで，1時間かける。電流計が回路に入ることで，回路が複雑になり，意味がわからなくなる子が多いからだ。

　電流計を入れて，またコイルもいろいろな条件に変えて……，となってくると，何をやっているのかわからない子も出てくる。特別支援を必要とする子は，お手上げになる。

できない子を，放ったまま授業を進めるのは，避けるべきだ。
　もっともっと，教える内容をシンプルにすべきだ。
　電流計を教えるだけで，たっぷり1時間はとりたい。
　電流計を使いこなせるようになったうえで，電流計を使っての「コイルの比較実験」をするなら，わかるのだ。
　まず，私は回路図を板書しながら，実際にどうつなげばよいのかをやってみせた。
　乾電池の＋と電流計の＋をつなぐ。
　乾電池の－と電流計の－をつなぐ。
　こうして，乾電池と電流計をつなげばよいことを教えた。
　ただし，電流計に乾電池だけをつなぐと，電流が流れすぎて壊れてしまうので，コイルや豆電球などと一緒につながなくてはならないことも教えた。
　次に，ノートに使い方の手順を書かせた。
　使い方は，回路図で書かせた。
　図が書けてから，注意点を言った。「電流計の－は，できるだけ単位の大きなものからつなぐこと」である。単位の小さなものから確かめると，抵抗が少なかった場合，たくさんの電気が電流計に流れて針が振り切れてしまうからだ。
　こうしてひと通り使い方を教えた後に，実際に電流計を使用させた。
　使用させていると，子どもたちがつまずくところが見つかる。例えば，電流計の＋と－への導線のつなぎ方がわかっていない子がいる。
　他にも，＋と－を反対につけている子がいる。反対につけると，電流系の針は反対に振れてしまう。
　導線のエナメルがちゃんと剥がれていなくて，電流計がまったく反応しない班もある。
　つまずきが見つかったら，それを教師は覚えておいて，後で紹介する。
　問題にして子どもに尋ねるとよい。
「ある班は，針が反対に振れてしまいました。それはなぜか？」
「ある班の電流計の針はまったく動きませんでした。それはなぜか？」

子どもが答える内容が,「実験で気をつける点」である。
気をつけることも，ノートにメモをさせておく。
私は，子どもたちの班を回り，使い方が正しいかどうか，合格・不合格を告げていった。

3 子どものつまずきをみとることが大切

例えば，顕微鏡の使い方を教えている場面。間違った使い方をしている班がある。間違ったアドバイスを送っている子もいる。
例えば,「対物レンズとプレパラートを軽くつくように近づけよう。」などと言っている。見ていると，レンズとプレパラートが触れるまで近づけている。これでは，レンズが傷ついてしまう。
「真っ暗で何も見えない。光のある窓側へ鏡を向けているのに……。」などと言っている子もいる。確かに，光のある窓側へ鏡を向けている。しかし，人が立っていて光を遮断してしまっているのである。それに気づいていないのだ。こういった発言を，取り上げる。
顕微鏡をひと通り使わせた後，活動を止めるように指示する。
全員が教師に注目してから，言う。
「実は，こんなことを言っている人がいたのです……。」
少し大げさに紹介する。子どもたちは,「えっ何？　何？」と，興味津々で耳を傾ける。
「光のある方に鏡を向けているのに，真っ暗で何も見えなかった。」
子どもたちの中には,「自分の班もそうだった」などと言っている子がいる。
「なぜ，真っ暗で何も見ることができなかったのか？」と尋ねる。
子どもたちは，使い方でどこが間違っていたのかを考える。
教科書には答えが載っていない。
こういった子どものつまずきから生まれた注意点は，必ずノートにメモさせるようにする。

6　習得した知識や技能をレポートにまとめる技能

POINT　レポートにまとめるポイント

　単元の終わりに，ノートに学習した内容をまとめさせる。
　もう一度，知識や技能を振り返る機会を確保することが，知識と技能の定着につながっていく。
　この「ノートまとめ」の時間は，1時間だけとる。見開き2ページでまとめさせるとよい。
　1時間で完成できなければ，テストの後の残り時間にしてもよいことにする。
　ノートを提出したときに，合格，不合格を言う。
　基準は一つである。

> 　丁寧かどうか。

　丁寧に書けていたら，合格とする。
　合格者には，さらに，個別評定も行う。
　「ノートまとめ」を，詳しく，しかも美しくまとめさせるには，「個別評定」が絶対に必要である。
　次の評価基準を設けている。

> 　1　自分の言葉でまとめる。（丸写しはしない。）
> 　2　学んだ内容全てについてまとめる。
> 　3　絵や図を使ってまとめる。

　全て，きちんとできていれば，「ＡＡＡ」である。

ただし，高学年になると，評価基準をもう少し加えることもある。「詳しくまとめられているかどうか」や「考察があるかどうか」などの基準を加え，5項目で評定することもある。子どもの実態に合わせて，評価基準を設定するとよい。

CASE どのようにまとめさせるか

　4月最初にノートまとめをさせるときの，指導の方法を述べる。
　まず，趣意説明する。
「単元全ての学習が終わりました。これからテストがあります。テストの前に，復習の時間を1時間とります。今まで学習した内容を，ノートにまとめるのです。ノートに，もう一度まとめていくことで，復習になります。」
　次に，お手本のノートを見せる。次ページは，ノートまとめを1年間続けてきた子のノートである。ノートまとめのイメージをつかませることが大切だ。
　イメージをつかませた後で，いよいよ「ノートまとめ」を開始する。
　開始の前に，これだけは，伝えておく。
「丁寧でないノートは，不合格として，全てやり直しになります。丁寧に書きなさい。」
　最初は，教師が黒板にお手本を書くことも大切だ。
「先生が，お手本として黒板に書いていきます。写してもいいですし，参考にしてもいいです。」
　「写してもいい」と言うと，できない子は，声をあげて喜ぶ。
「先生，本当？　写してもいいの？　やった。」
　写すことが勉強になることだってある。お手本をそのまま写すという学習も認めるようにしている。
　黒板にお手本を書く際，私は，「ノートまとめ」のポイントを，1つずつ解説していくようにしている。

電磁石、ヒミツ全部見せます！

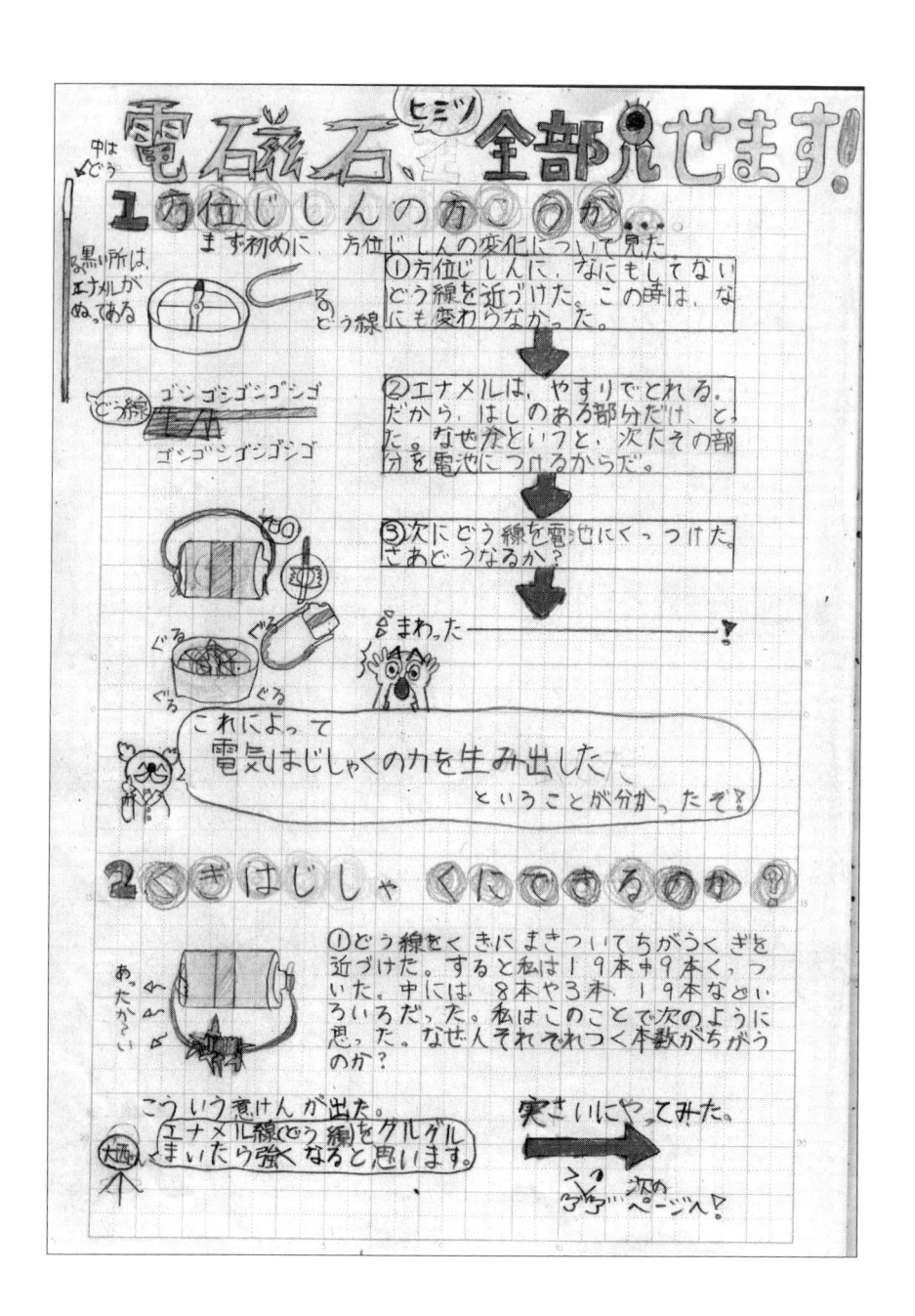

1 方位じしんの力○○か

まず初めに、方位じしんの変化について見た

中はどう（銅）
黒い所は、エナメルがぬってある
どう線

① 方位じしんに、なにもしてないどう線を近づけた。この時は、なにも変わらなかった。

↓

ゴシゴシゴシゴシゴ
どう線
ゴシゴシゴシゴシゴ

② エナメルは、やすりでとれる。だから、はしのある部分だけ、とった。なぜかというと、次にその部分を電池につけるからだ。

↓

③ 次にどう線を電池にくっつけた。さあどうなるか？

↓

まわった————————

これによって
電気はじしゃくの力を生み出した
ということが分かったで？

2 くぎはじしゃくにできるのか？

あったかい

① どう線をくぎにまきついてちがうくぎを近づけた。すると私は19本中9本くっついた。中には8本や3本、19本などいろいろだった。私はこのことで次のように思った。なぜ人それぞれつく本数がちがうのか？

こういう意けんが出た。
エナメル線(どう線)をグルグルまいたら強くなると思います。

実さいにやってみた。
→ 次のページへ！

132

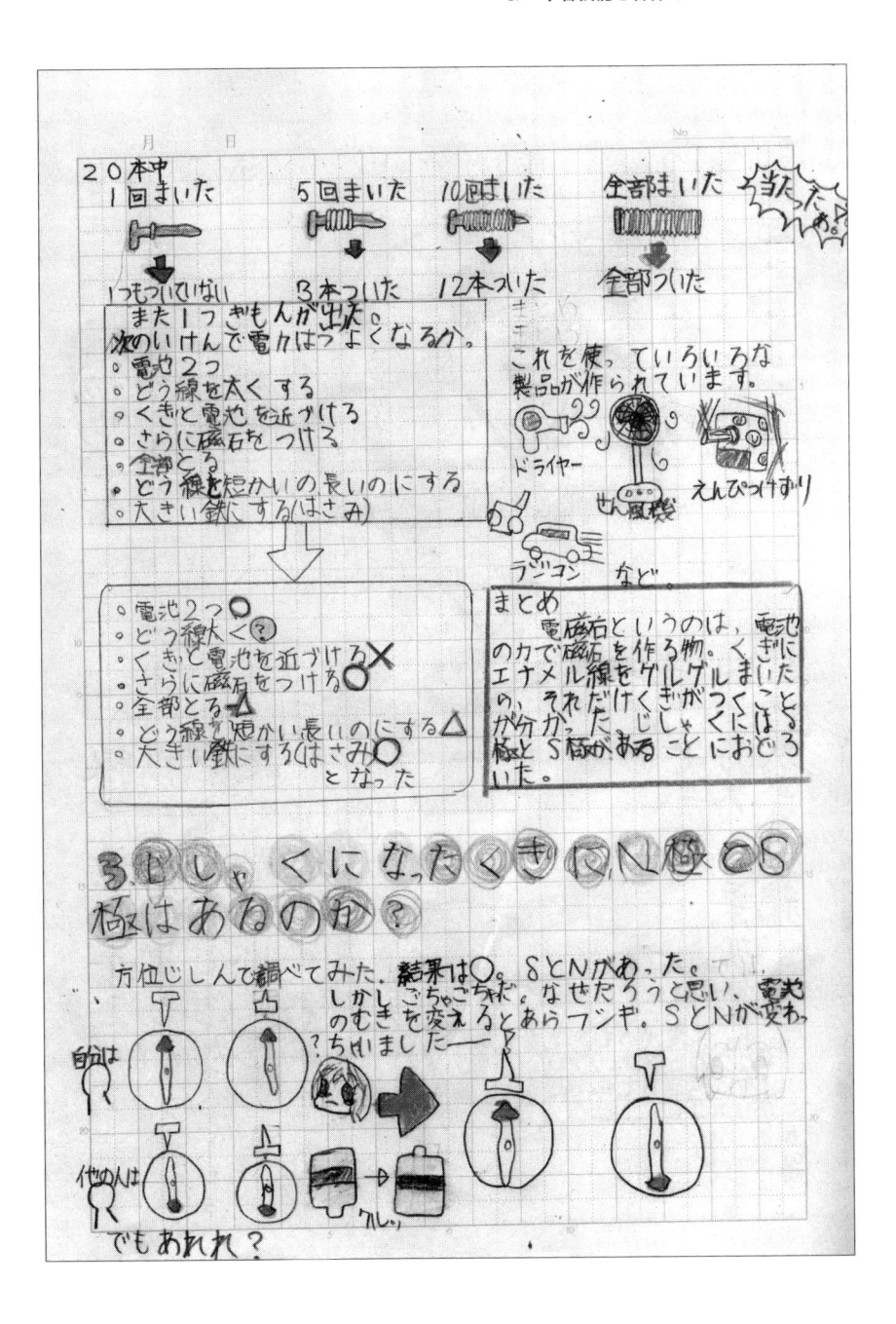

IV 学習技能を習得させるための授業技術

月　日　　　　　　　　　　　　　　　　　　　No.

20本中
1回まいた　　5回まいた　　10回まいた　　全部まいた　当った!?

↓　　　　　↓　　　　　↓　　　　　↓
1つもついていない　3本ついた　12本ついた　全部ついた

また1つぎもんが出た。
次のじっけんで電力はつよくなるか。
・電池2つ
・どう線を太くする
・くぎと電池を近づける
・さらに磁石をつける
・全部とる
・どう線を短かいの長いのにする
・大きい鉄にする(はさみ)

これを使っていろいろな製品が作られています。
ドライヤー　せん風機　えんぴつけずり
ラジコン　など

・電池2つ　○
・どう線太く　△
・くぎと電池を近づける　×
・さらに磁石をつける　○
・全部とる　△
・どう線を短かい長いのにする　△
・大きい鉄にする はさみ ○
　　　　　　　となった

まとめ
　電磁石というのは、電池の力で磁石を作る物。くぎにエナメル線をグルグルまいたの、それだけでくぎがつくことが分かった。じしゃくにはN極とS極があることにおどろいた。

3. じしゃくになったくぎにN極とS極はあるのか？

方位じしんで調べてみた。結果は。SとNがあった。
しかしぐちゃぐちゃだ。なぜだろうと思い、電気のむきを変えるとあらフシギ。SとNが変わっちゃいました——
自分は
他のNは
でもあれ？

> ノートまとめのタイトルを工夫すると，かっこいいんだよね。

　タイトルは，太文字にする。色もつける。
　このように，美しくノートまとめができる方法を，私が黒板に書きながらそのつど，簡単に説明を入れていく。
　「小見出し」のタイトルは，疑問形で書かせるとよい。

> 小見出しは，ハテナで終わるように書きましょう。

　例えば，「導線を釘に巻くと，釘は磁石になるのか？」といった具合である。
　疑問文でタイトルを書くと，その後のノートまとめがしやすい。
「自分の予想はどうだったのか。」
「どうやって確かめたのか。」
「結果と結論はどうだったのか。」
などを自然に書くことができる。
　さらに，板書しながら，次のようなポイントを教えていく。
「学習した内容全てをまとめます。ノート見開き2ページを，4つぐらいに分けておくといいです。」
「図や絵があると，よくわかるよね。」
「キャラクターが出てきて，解説をしてくれると，読んでいて楽しいよね。」
「教科書の丸写しではなくて，自分の言葉でまとめられるといいね。」
　こうして，1回めは，ほとんどの子が丁寧に，しかも詳しくまとめることができる。
　できない子だって，教師の板書を写せばいいので，ノートにぎっしり書くことができる。
「先生，こんなにノートを書いたのは，生まれて初めて！」
と興奮して持ってくる子もいる。

できた子からノートを提出させる。教師は個別評定を行う。

1回めの指導で，ノートまとめを成功させることができたら，次からは，教師は板書しなくてもよくなってくる。

教師は手を離して，後は子どもに任せればよい状態になっていく。

ときどき，学級通信などで，上手な子のノートを紹介してやる。

どこがよいのかを，子どもに考えさせる時間をとることもある。

お手本を示し，個別評定することで，子どものノートは劇的に美しく変化していく。

7 疑問を発見する技能

POINT 教師の姿勢で決まる

　子どもが「疑問」を見つける習慣をつけるために，私は次の手立てをとっている。

> 子どもの疑問を授業化する。

　子どもが出した疑問は，そのまま授業化できることが多い。
例えば，「ものの溶け方」の学習。
子どもから次の疑問が出た。
1　塩とホウ酸は，水に溶ける量に限度があることはわかった。では「砂糖」など別のものは，水に溶ける量に限度はあるのか。
2　2つ以上のものを溶かした場合，溶ける量は変わるのか？
3　冷やすと，冷えた分だけホウ酸が出てくるのはわかった。では，温度を限りなく0℃に近づけ，凍る寸前までいったとき，溶けたホウ酸の全てが水から出てくるのか。
こういった疑問をそのまま授業で扱う。知識の幅が広がることになる。
「疑問を見つける目」を鍛えるために，次のことをさせている。

> ・「気づいたこと」を箇条書きさせる際，「疑問」も書かせる。
> ・授業後に「わかったことや疑問を書きなさい。」と指示する。
> ・疑問を思いついたら，すぐにメモをとるように教えておく。

　「疑問を大切にする」という教師の姿勢が，子どもの「疑問を発見する目」を鍛えることになる。

CASE 疑問を発見させる目を鍛える指導例

🗐 気づいたことを箇条書きさせるときに,「疑問」も書かせる

　実験や観察をさせた後には,「気づいたこと」を箇条書きにさせている。その際,次のように指示する。
「疑問がある人は,疑問を書いておきなさい。」
　子どもたちは,10個ぐらいの「気づき」を書く。その中に,疑問が入っている。
　その場で発表させる場合もあるし,ノートを集めて確認する場合もある。
　子どもの疑問を把握したら,次のものに分ける。

> ・授業化できそうなもの。
> ・子どもに調べさせるもの。

　時間的に,全ての疑問を授業化するわけにはいかない。
　子どもに調べさせるものは,自主勉強にする。調べ方はきちんと教えておく。
　調べてきた子がいたら,しっかりとほめる。ほめられることで,「また次も調べてみたいな」と思うようになる。「疑問を見つけ」,「解決していく」という習慣が身に付いていく。

🗐 授業後に「わかったことや疑問を書きなさい。」と指示する

　授業後に,次のように指示することがある。
「わかったことや疑問を書きなさい。」
　観察中や実験中は,「気づいたことを書きなさい。」という指示である。授業後は,なんらかの結論が出ていることが多いので,「わかったことを書きなさい。」という指示になる。「気づいたこと」よりも「わかったこと」のほうが難しい。自分の言葉で,学習内容をまとめなくてはならないからである。

「わかったこと」がなくて「疑問」だけが残ったというような子もいる。その場合は，「わかったこと」ではなくて，疑問を書かせる。ノートを集めて，どんな疑問を子どもがもっているのかを確認していく。

例えば，ある年の３年生は，モンシロチョウや幼虫の観察の後で，次の疑問を書いた。

「モンシロチョウの羽の模様がほんの少し違う。これはオスとメスの違いかな？」

「青虫の色が違うのはなぜだろう？」

「さなぎの色が，（育てている）人によって違うのはなぜだろう？」

こういう一級の疑問が出されたら，授業で尋ねてみる。

すぐに教えるのではなく，このときは，「謎が解決できるといいね。」と調べ学習にした。もちろん，やってきてもやらなくてもよい。

だが，クラスに何人かはやってくるものである。

次の日に，さっそく調べてきた子がいた。それを，ほめちぎった。

「先生と，○君だけの秘密だね。」

などと言っておくとよい。

その子はヒーローになる。休み時間は，「教えて！　教えて！」の大合唱となる。

３ 疑問を思いついたら，すぐにメモをとるように教えておく

授業中，実験や観察をしていて，ふと疑問が浮かぶことがある。

「疑問を思いつくことは，理科ではとても大切だ。世界的な発見も，ふとしたことで思いついた疑問がきっかけになっていることが多い。疑問を思いついたら，すぐにノートにメモをしておきなさい。」

授業以外で，疑問が思いついたら，日記に書かせるようにしている。

毎日，宿題で日記を出すことが多い。

ある子は，日記に次の疑問を書いた。

発泡スチロールで飛行機を飛ばす実験をした後のことである。

近所の公園で，学校でつくった飛行機にそっくりの「種」を発見したというのだ。

「これは何だろう？」ということで、その種をセロハンテープで貼ってもってきていた。その種は、飛行機の形をしている。

もちろん、疑問を見つけたことを大いにほめ、クラスで紹介した。

③ 学習発表会などで、疑問をテーマとして調べさせる

植物の体は、「根、茎、葉」に分かれることを教えた際。

ふと、「他の植物はどうなっているのかな？」「全部そうなのかな？」などとつぶやく子がいる。

昆虫は、「頭、腹、胸」に分かれることを教えた際。

ふと、「他の昆虫はどうなっているのかな？」「先生、羽があるのも、昆虫の特徴なのではないですか？　全ての昆虫に羽がありそうなのですが。」などと言っている子がいる。

こういった疑問を、学習発表会のテーマに設定したこともある。

子どもが自分で見つけた疑問である。

かなり意欲的に調べる子が多い。

図鑑で調べる子や、家の人にきいてくる子、本を持ってきてみんなに紹介する子などが現れる。

理科では、「疑問をもつ」ということを大切にしたい。

疑問を発見した子をほめ、それを授業で扱っていると、やがて疑問を見つけることが習慣化されてくるようになる。

8 仮説を立てる技能

POINT 仮説を立てるのに必要なステップ

　科学研究において，「実験」は，本来どのような意味があるのか。
　実験は，「なんらかの仮説があり」，その仮説を「検証するため」に行われるものである。
　本来は，「仮説」が先にあるべきなのだ。
　仮説を立てさせる際，次のステップを踏むようにしている。

1　実験や観察の「体験」を蓄積させる。
2　気づいたことを共有させる。
3　仮説を立てさせる。

　体験の蓄積がないと，仮説は立てられない。
　何も知らないことについて，原則や法則を考えるのは困難である。仮説づくりの前に，必ず，体験が先行していなければならない。
　また，体験の後には，「気づいたこと」を共有させていくことが大切だ。
　一人の気づきが10個だとして，クラス30人分の気づきが集まれば，300個になる。できるだけたくさんの気づきがあるから，だんだんと「こういう原則がありそうだ。」とか「こういう法則がありそうだ。」というような「仮説」が浮かんでくる。
　体験を蓄積させ，気づいたことを共有させた後で，仮説をつくるように指示するとよい。

CASE 仮説をつくり解決する授業例

人によって磁力が違ったのはなぜか？

5年「電流のはたらき」の授業である。

釘に導線を巻いて，電磁石をつくらせた。

「電磁石になった釘」は，他の釘を引きつけた。多くの子が2～3個の釘を引き付けていた。

ところが，中には，10個以上の釘を引きつけている子がいた。

授業の最後に，「わかったことや疑問をノートに書きなさい。」と指示した。ノートに子どもの疑問が書かれていた。

「なぜ，人によって，電磁石になった釘の磁力が違ったのか？」

理由を，予想させた。

「巻き数が違ったから，磁力が違った？」

「巻き方が違ったから，磁力が違った？（1つの場所に集中して巻く，導線が上下に重ならないように隙間なく丁寧に巻く，など。）」

> 釘に導線を巻いて，磁力が強くなる方法を見つけてごらんなさい。

電磁石につけるための釘を，一人15本用意した。

「おおっ！　○○さんは，4本ついているよ。」

「○○君は，7本ついたぞ！」

このように，私が途中経過を発表して，盛り上げていった。

「15本，全部ついた！」

教室がざわめく。

授業の途中で，指示した。

> 立ち歩いていいです。たくさん釘をつけている人を参考にしなさい。

141

子どもたちは，教室を動き回り，うまくつけることができている子を探していた。授業の最後には，多くの子が10本以上つけることができた。
　授業の最後に指示した。
「わかったことや疑問を書きなさい。」
「巻き数を増やすと，電磁石のはたらきが強くなる。」
と書いている子が多かった。
　「巻き方」は，あまりはっきりとわからなかった。何人かの子どもが，きちんと隙間なく巻くと，磁力が強いようだと言っていた。
　子どもたちは，磁力の違いを，「巻き数」と「巻き方」の2点による違いだと考えた。子どもが出した疑問に対する，子どもなりの「仮説」である。

巻き数を変えずに，磁力を上げる方法はあるのか？

> 巻き数を多くすると，磁力がアップすることはわかりました。
> では，巻き数を変えずに，磁力を上げる方法を考えなさい。

　5分間，ペアで相談させた。その後，ノートに考えを書く時間をとった。次の「仮説」が出された。
1　導線の巻き方を変える（「中心だけに重なるように巻く」，「重ならないように，全体に均一に巻く」，「端に巻く」など。）
2　導線を巻く釘の大きさを変える。
3　導線を太くする。
4　電池を増やして，電気の力を上げる。
5　「電池」と「電磁石になった釘」を近づける。
6　磁石をもってきて，その磁石からの磁力を移す。
7　導線を全部剥いで，鉄芯に直接電流を流す。
8　同じ巻き数だが，全体として使う導線の長さを短くする。

「この中の仮説で，正しそうなものには，○をつけていきなさい。」

このように，結果を予想させることが大切だ。

> ペアで1つの実験を選んで，本当に磁力が強くなるかどうか，確かめてごらんなさい。

ペアで実験させるのがポイントである。

協力して実験ができるようにする。

さらに,「条件統一に目を向けさせることも大切」である。

「巻き数を変えずに」と言っているのだから,「巻き数」が同じになっているかどうかを確認しなくてはならない。

他にも,「導線の長さを同じにする」,「同じ電力の電池を使う」など，統一する条件は多い。

この中でいちばん難しいのは,「エナメルを剝がして直接電流を流す」という実験である。エナメルを剝がすのに時間がかかる上に，エナメルのコーティングがないと，導線が少し熱くなる。

子どもに仮説に沿って授業を展開すると，授業に自然な流れが生まれる。それに，子どもは,「自分の考えた仮説が正しいかどうかを検討する実験」には，とても熱中する。

仮説は，教科書の内容を超えるものも含まれている。答えは誰も知らないことが多い。あらかじめ，塾などで予習していた子も，予習していない子も，同じ土俵に立って，仮説が正いのかどうかを，予想する。

仮説をつくらせ，それを検証する実験は，子どもの知的好奇心を引き出すことができる。

9 結果から結論を導く技能

POINT 結論を導き出すためのポイント

　結果と結論は，違う。

　結果は，実験や観察で確かめた事実である。例えば，「日光の当たっている植物の葉にはでんぷんがあり，日光の当たっていない植物の葉にはでんぷんがなかった。」のような事実を指す。

　結論は，結果から言えそうな原則や法則である。例えば，「植物は，日光が当たると，葉にでんぷんができる。」のように，まとめられる。

　当然ながら，結論を導く際には，「正確な実験による結果」が必要になる。

　実験や観察をして，なんらかの結果が出たとき，次の２つの点を吟味させるようにする。

1　実験がうまくいっていたかどうか検討する。
2　誤差を考える。

　「自分の予想や仮説に都合のよい結果」だけを採用することが往々にして見られる。

　さらに，一度だけの実験で，即結論を導くというのも，誤差が大きくて危険だということを教えておく必要がある。何度も実験をして，平均をとるから，誤差が少なくなる。

　結果が，本当に正しく導かれているかどうかを，吟味する姿勢を育てたい。

　結果が出たら，その結果をもとに，結論を考えさせる。

　結論も，吟味が必要である。

結論を導いた後には，次の３点を吟味させる。

> １　結論は，実験結果と合っているか。（実証性）
> ２　正しく実験していた人は，みんな同じ結果になっているか。（再現性）
> ３　客観的に見て，正しいかどうか。（客観性）

CASE　結果から結論をどう導き出させたか

① 結果は正しく導かれているかを検討させる

1　実験がうまくいっていたかどうかを検討させる

実験前には予想をさせる。

例えば，「食塩は，水に溶けると重さが消える」と予想した子がいるとする。

時間があるかぎり，何度も実験をさせてみる。

何度も実験させたのに，不思議なことに，このように予想した子どもたちの中には，食塩の重さが消えたという結果をノートに書いている子がけっこう多い。自分に都合のよい結果だけを採用するからだ。

実験を何度もしているうちに，水がこぼれたり，食塩がこぼれたりしてくる。自分の予想通りの結果が出たら，それを採用してノートに書いているのである。

「水を温めると，食塩はたくさん溶けるのか？」という実験でも，同じようなことが起きる。

「10℃で溶かした食塩の量と，50℃の水で溶かした食塩の量はどう違うか？」を調べさせる。

実験前の予想で，「水の温度が上がれば，食塩の溶ける量が増える」と考えた子は，なぜか実験結果までその予想通りの答えになっている。

この実験では，50 mLの水に食塩を溶かす。10℃の水に溶ける食塩の量と50℃の水に溶ける食塩の量は，1 gも違わない。つまり，温度が変わっても，食塩の溶ける量は，ほとんど変わらないのだ。

計量スプーン1杯2.5gから3gである。
　なので，この実験の場合，溶ける杯の数は，同じはずである。または，1つぐらいしか違わないはずである。
　ところが，多く溶けると予想した子の中には，2杯多く溶けたとか，中には3杯多く溶けたという者も出てくる。
　自分に都合のよい結果しか見えていないということが，往々にして起きる。自分の都合のよい結果以外は間違いとして，データを捨てているのだ。
　極端な子になると，絶対に増えることを証明するため，「すりきり1杯」を，「力強くすりきり1杯」にしていた。その方が1杯の量が少ないのだから，10℃の時より，何杯か多く溶けるはずである。
　ここまでする子はそういないにしても，子どもは（大人でも），自分に都合のよいデータしか結果として認めないということが見られる。
　実験結果が，子どもによって異なった場合は，さまざまなことを教えるチャンスである。
　次のように指示する。
「実験方法を振り返ります。どこを振り返ればよいですか。」
　水は本当に50mLだったか？
　すりきり1杯は正しいか？
　水や食塩がこぼれていないか？
　食塩を別の容器に移したせいで，溶かした食塩が少なくなっていないか？
　このように，「実験を振り返る視点」を与え，実験がうまくいっていたかどうかを検討させるとよい。

2 誤差を考えさせる

　誤差を考えさせるために，次の指示を出す。
「結果は，1つだけではなくたくさんの結果を見るようにします。1つだけの結果だと，ひょっとすると間違いの結果かもしれません。
　多くの班は，温度が上がっても食塩の溶ける量はほとんど変わってい

ません。こういう大きな傾向をつかむことが大切です。」
　大きな傾向を考えさせ，誤差を判定させることもある。
「大きな傾向から見て，あやしいと思えるデータはありますか。」
　このように尋ね，極端に結果が他の班と違っているところを探させるようにする。
　全体の傾向がわかったとしても，どうしても納得しない子もいる。
　そんなときは，次のように言うとよい。
「全員，もう一度確かめてごらんなさい。」
　2回めは，1回めの半分の時間でさっとできる。
　たくさんのデータが集まれば，大きな傾向がよくわかることも教えていく。人間は自分によって都合のよい結果しか見えないというようなことも話す。
　実験方法を振り返り，少しまずかったところに気づいた子がいたら，ほめるようにする。
「途中で失敗したと気づいたら，それはそれで意味がある。次は失敗にならないように気をつけるからだ。失敗したところがわからないことが，実は本当の失敗なのだ。」
　ただし，少数のデータが正しいということもある。
「ひょっとすると，完璧に実験をしていて，本当に変な結果が出ることもあります。それは，ひょっとしたら大発見につながる可能性があります。今までの常識をひっくり返す結果だからです。」
　また，教科書に載っている実験通りにやっても，正しく結果が出ないことがある。
　例えば，水の温度が100℃で沸騰するという実験である。
　沸騰しているのに，100℃にいかないことがある。逆に100℃を超えることもある。
　こういった実験の場合，「科学では，誰が見ても納得する法則をつくっている。だから，だいたい100℃なのだということで教科書には載っている。実際は，水にいろいろなものが溶けていて，100℃にならなくても水道の水は沸騰します。それに，今みんなが山の上の高い土地にいる

か，海の近くの低い土地にいるかでも，沸騰する温度が変わってきます。」
　このように，教科書と違う結果が出ても，それが誤差の範囲なのであれば，みんなの実験結果は間違っていないのだということを，説明してやることも大切だ。

結論を導く技能を鍛える

1　結論は，実験結果と合っているか。（実証性）

　結論が出たら，実験結果と結論を照らし合わせて，そこに整合性があるかどうかを確かめさせる。
　実験や観察前には，「課題」を設定しているはずである。
　例えば，「課題」が「重さによってふりこの1往復の時間が変わるかどうかを調べよう。」だとする。
　結果は，「重いおもりと軽いおもりとでは，1往復の時間は同じ。」になった。
　そこで，何が言えるかを考えさせる。
　課題に正対している答えを導けばよい。
　「重さによって，ふりこの1往復の時間は変わらない」となる。
　結果から飛躍する子もいる。また，まったく違った結論を導く子もいる。
　「唾液で，米汁のでんぷんを溶かす実験」で，多くの子は，次のような結論を導いた。
「唾液をいれた米汁の方は，ヨウ素液を入れても色が変化しない。これは，唾液が米汁のでんぷんを溶かし，別のものに変えたからだ。」
　ところが，次のように考えた子がいる。
「唾液が，ヨウ素液を変化させた可能性もある。」
　なるほど，である。
　これも，一見，実験結果とは整合する。
　この結論が間違いであることを示すために，「ヨウ素液に唾液を入れても，でんぷんがあれば，青紫色に変化する」ことを示すとよい。

2 正しく実験していた人は，みんな同じ結果になっているか。(再現性)

結論には，再現性がなければならない。

同じ結果を，誰もが導き出すことができなくてはならない。

私は，結論を導かせた後で，次のように言うことがある。

「本当に結論が正しいかどうか，もう一度実験して確かめてごらん。」

例えば，「磁石を割ると，小さな磁石に分かれる」という結論が出た。

子どもの顔を見ると，まだ納得していない子もいる。

そこで，もう一度確かめさせるのである。

自分で確かめると，子どもたちは納得する。

みんなが同じ結果が出たかどうかも，尋ねてみるとよい。

3 客観的に見て，正しいかどうか。(客観性)

結論が食い違った場合，私は，「討論」を行うようにしている。

誰の結論が，客観的に見て正しいのかを話し合わせるのである。

話し合っているうちに，無理のある結論には反対意見が集中するようになる。

討論でどうしても決着がつかなければ，最後は教師が教えるか，教師の実験で白黒つけるかするとよい。

10 討論の技能

POINT 討論に必要な条件

討論を成立させるのに必要なのは，次の条件である。

> 理由を言い合うための「知識や体験の蓄積」がある。

「知識や体験」の蓄積のないところに討論は成立しない。

討論の前には，教師は必ず，「豊富な体験」が保障されていたかや，考える足場となる「知識の蓄積」がなされているかを，チェックしなくてはならない。

「知識や体験」の蓄積があったうえで，次に必要なのは，「問題」である。子どもが答えに迷うような問題を用意することが絶対に必要である。

すぐに結論が出てしまうような問題では，話し合いにならない。答えが1つに集中して終わりである。

> 答えが分かれるような「問題」を設定する。

最後に，討論が子どもだけ成立するためには，討論のやり方を教えておく必要がある。

> 1　発表した意見に対して，意見を言わせる。
> 2　意見を言っていない子を優先的に発表させる。
> 3　発表できなかった子には，ノート1枚分の考えを提出させる。

討論後には，全員の意見を聞いて，最終的な自分の考えを書かせる。

CASE 討論の実践例

📱 答えが分かれるような問題を用意する

1 密閉された場所でろうそくの火が多いとどうなるか？

「ものの燃え方と空気」で，子どもの問題意識から，図に示した問題が生まれた。

「瓶に蓋はしない。ろうそくの火はどうなる？」

次のように，意見が分かれた。

「蓋があいているので，火は消えない。」

「酸素がなくなるので，上の方から消えるのではないか。」

「下の方から消えるのではないか。」

討論は白熱した。

教師が実験をしてみせて，結果を確認した。

火をともし，瓶をかぶせた瞬間，一番背の低いろうそくが消える。

「うそ！」,「どうして？」と驚きの声があがっていた。

疑問から，新たな疑問が生まれる。いろいろと理由を考えさせた。

2 「ものの溶け方」における子どもの疑問

ものの溶け方で，「二つ以上のものを溶かした場合は，どうなるのか？」と，疑問をもった子がいた。

子どもの疑問を，次の問題にして，子どもに尋ねた。

「食塩を溶けるだけ溶かした水がある。その水に，砂糖を溶かす。砂糖は溶けるか？」

答えは，「砂糖は溶ける」である。驚いている子どもがたくさんいた。

「食塩と砂糖を十分に溶かした水がある。砂糖はかなり溶けるから，限界まで溶かさなくてもよいが，シロップのようにとろみができるまで，十分に溶かす。その食塩と砂糖の十分溶けた液に，味の素は溶けるのか？」

どろどろになった液体を見た子どもたちは，「さすがにもう何も溶け

ないだろう」とつぶやく。ところが，である。
　食塩と砂糖を十分に溶かした液体に，味の素は溶けるのである。
　子どもたちは一様に驚いていた。

３ 討論の技能を教えていく

　問題を出したら，次のように指示する。

> 　問題に対する答えを，ノートに書きなさい。

　必ず，ノートに書かせる。自分の考えをはっきりさせることが大切だ。ノートに書かせたら，指示する。

> 　予想した答えを発表しなさい。

　人数分布を確認する。

> 　そう考えた理由を，ノートにできるだけたくさん書きなさい。

　早く書けた子には，ノートを持ってこさせる。
「いいこと考えたね。」
「これは先生も思いつかなかったな。」
　このようにほめることが大切だ。ほめられると，自分の考えに自信がもてる。

> 　人数の少ない意見から，理由を発表してもらいます。

　小数派から順に発表させる。同じ意見の子が，次々と発表する。
　少数派の意見発表が終わったら，多数派の子どもたちに発表させる。

> **相手の意見に対する反論をノートに書きなさい。**

　反論を書く時間を，5分間とる。
　反論が思いつかない子もいる。
　そこで，教師が「Aの意見の人は，Bの意見の人のこういう意見に反対するのだよ。」とアドバイスをしてやってもよい。
　反論まで書けたら，いよいよ討論である。
　あとは，子どもに任せる。教師は座って見ている。
　ただし，討論のルールは伝えておく。子どもにルールを覚えさせる。
　最も大切なルールは次である。

> **発表した人の意見に対しての「意見」を言える人が，優先的に発表しなさい。**

　つまり，発表した意見に対して，反対や賛成意見がある人が優先的に発表することができるルールにするのである。
　このとき，「反論」を優先すると，討論は盛り上がる。
　発表した意見に対しての意見がない場合は，「少し話題を変えますが，私は……」のように，別の意見を話してもよいことにしている。
　討論の最後に，まだ発表していない人の発表の時間をとる。
　討論中，大切な意見はメモをとるように言っている。
　討論後には，最終的な自分の考えを書かせる。

11 論述の技能

POINT 論述の力の鍛え方

論述の力を鍛えるためには，次の手立てが必要である。

> 論述する機会を多く確保する。

「なぜ○○なのか？」という問題を出す。
次に，答えを論述させる。
そして，教師が採点する。
このように，論述させる機会を，定期的に確保するようにしたい。
論述の機会を確保し，論述で解答することに慣れさせる。これが，論述の力を養うための，第一歩である。
論述する機会を確保したうえで，次の手立てをとる。

> 論述のやり方を教える。

どのように教えたらよいか。

> 個別評定をしながら，どこを直したらよいのかを教える。

例えば，「主語がない文章は，減点対象になる」こと，「最後まで詳しく言わないと，減点対象になる」こと，などである。
「相手にわかるように書く」，これが，論述のポイントである。「言葉足らずな解答は，減点対象になること」を教えていく。

CASE 6年「生き物のくらしとかんきょう」における実践例

6年「生き物のくらしとかんきょう」の単元を終えた後で，次の論述問題を出した。

> 鳥は稲を食べる。
> 虫も稲を食べる。
> 鳥は，虫を食べる。
>
> 稲が鳥に食べられて，毎年不作だった。
> 稲を食べられないように，鳥を捕まえた。
> ところが，次の年は，もっと稲が不作になった。
> 考えられる理由を述べよ。

「書けた人からノートを持ってきなさい」と指示。
10点満点で，次々と点数をつけていった。
評定のポイントは，次である。

> 減点方式で点数をつける。

例えば，次のようなときに減点する。
1　主語がないと，マイナス。
2　意味不明な文章だとマイナス。
3　言葉足らずだとマイナス。
4　文章に飛躍があるとマイナス。
5　問題に正対した答えでないとマイナス。
6　問題の条件(鳥は稲を食べる。虫も稲を食べる。鳥は，虫を食べる。)を使っていないと，マイナス。

子どもたちは，最初次のような短い文章で答えを書いてくる。
「鳥がいなくなることで，害虫が増えた。」

これは正しい答えなのだが、もう少し言葉がほしい。
「鳥は稲の害虫を食べていた。鳥がいなくなることで、稲の害虫が増えた。増えた害虫が稲を食べてしまって、稲が不作になった。」
　稲が不作になった理由を答えるのだから、「増えすぎた害虫が稲を食べたから。」というように、問題に正対して答えてほしいところだ。
　最初は、言葉足らずな解答が多いので、4点、5点が続く。
　個別評定をすることで、ずいぶんと子どもの意識は変わる。自分の評価がわかるからだ。「自分は言葉足らずなのだ」ということが、わかってくる。
　何回でもノートを持ってきて、教師の採点を受けてもよいことにする。
　子どもたちは、何度も何度も、ノートを持ってくる。
　全員のノートを一度は採点したのを確認し、模範解答を示した。
「鳥は虫を食べていた。鳥が減ったせいで、今まで食べられていた虫が安全になった。その結果、虫が異常に増えることになった。虫がたくさん増えすぎて、鳥が稲を食べていた量よりも、虫が稲を食べた量が多くなってしまった。だから、去年より米がとれなくなってしまった。」
　続いて、もう1問出した。

> 　完全に密封された小さな瓶の水槽がある。
> 　ここに、水草2本とメダカ1匹が暮らしていた。
> 　水草は、日光に当たると、二酸化炭素を吸って、酸素を出す。
> 　半年間、ずっとメダカは元気で過ごしていた。
>
> 　ある日、メダカを1匹から、5匹に増やした。
> 　ところが、しばらくすると、死ぬメダカが出てきた。
> 　考えられる理由を示せ。

　2回めなので、かなり詳しく書いている子が多かった。
　クラスでいちばん作文が苦手な子でさえ、かなり書いていた。
「こんなに小さな場所だったら、1匹だったら、水草の酸素がいきわたっ

ていたけど，5匹だったら，酸素が5匹ともいきわたらなかった。メダカの二酸化炭素を出す勢いがはやかった。」

　他の子どもの書いていた答えを示す。
「水草は，二酸化炭素を吸って，酸素を出す。メダカは，酸素を吸って，二酸化炭素を出す。最初のうちは，メダカの数が少なくて，水草の出す酸素の量で足りていた。しかし，メダカの数が増えたことで，二酸化炭素はたくさんあるけど，水草の酸素を出す働きがおくれて，酸素の量が減りメダカの呼吸ができなくなって死んでしまった。」

　これは，模範解答に近い。

　反対に誤答もあった。

　例えば，「メダカは，新しい水に慣れることができないと，死んでしまうから。」という答えである。たしかに新しい水に慣れないメダカが死ぬことはある。が，論述の問題は，問題文に書かれてある情報をもとに，原因や理由を推論するほうがよい。

　他にも誤答としては，「水草に日光が当たらなくなって，酸素を出さなくなったから」などもあった。それも可能性がある。が，問題文に書かれていない情報を追加するのは，だめであると教えた。

あとがき

　戦後になり，戦前の教育の多くが否定されてきた。大学も変わり，教師の養成課程も変革された。

　最も変わったのは，「教育技術」の伝達が激減したことだった。

　「チョークの使い方」から，「授業の細々とした技術」にいたるまで，大学で教わることはなくなった。そして，技術をもたない学生は，そのまま教師として現場に配属されるようになった。

　その結果，新卒教師のほとんどが学級崩壊に見舞われるという事態を生むにいたった。一年めで辞職する教師の数は，年々増加し続けている。

　そもそも，「教育技術」とは，より確実に，子どもに知識や技能を習得させることができる指導法を指す。

　当然のことながら，教育技術はたくさん知っておいたほうがよい。

　たくさん知っていれば，その場その場で，子どもに合った技術を選択できるからである。

　例えば，「実感を伴った理解をさせる技術」ひとつとっても，いくつかの細かい技術が存在する。教材や子どもに実態によって，使用する技術は変わってくる。

　教育技術の評価は，「教師が教えたいと願っている知識や技能が，習得されたかどうか」で決まる。優れた教育技術とは，再現可能性がより高く，より確実に教師の目指すべき目標と同じ結果（または想定以上の結果）が出るものである。より効果的に学習内容を習得させられる教育技術の方が，優れていると言える。

　教育技術とは，手段に過ぎない。手段の修正・開発は常に行うべきものである。ある場面でどんなに効果があった手段であっても，改善の余地はあるはずである。現場の教師は，絶え間ない改善とともに，教育技術を発展させていく努力をすべきである。

先ほど，手段がよかったかどうかは，結果と目標を照らし合わせて判断すればよいといった。
　しかし，ここで気をつけなくてはならない問題がある。
　それは，手段が有効でも，その手段（教育技術）を使用する教師の腕が未熟であるという場合が存在することである。
　技術を使いこなすための技能がない場合，目標と合致する結果は出にくい。技術とそれを使いこなす技能は別なのである。
　技能が身につけば，教育技術を使いこなして，子どもが満足する授業ができるようになる。さらには，教育技術を，別の場面でも応用して使うことが可能になる。
　授業の名人とは，一つの授業に，同時にいくつもの技術を使うことができる人のことを指す。
　若い教師にとっての最大の問題は，教育技術を知らないうえに，使いこなせないということだ。

　本書を読んだ方は，教育技術を知ったという時点で，すでに一歩も二歩も，先に進んだことになる。
　「教育技術」を知るだけにとどまらず，知ったえでさらに，技術を使いこなす「技能」を磨いてほしい。
　そうすることで，授業はきっとすばらしいものに変革されていくはずである。
　本書が完成するにあたり，いつも励ましの言葉をくださり，企画の立案から校正まで全て御世話になっている玉井久美子氏に心より御礼申し上げます。ありがとうございました。

2012年3月　大前暁政

大前暁政（おおまえ　あきまさ）

1977年，岡山県に生まれる。岡山大学大学院教育学研究科（理科教育）修了後，公立小学校教諭を経て，2013年4月より京都文教大学准教授に就任。複数の大学の教員養成課程において，教育方法学や理科教育学などの教職科目を担当。
「どの子も可能性をもっており，その可能性を引き出し伸ばすことが教師の仕事」と捉え，現場と連携し新しい教育を生み出す研究を行っている。文部科学省委託体力アッププロジェクト委員，教育委員会要請の理科教育課程編成委員などを歴任。理科の授業研究が認められ「ソニー子ども科学教育プログラム」に入賞。日本初等理科教育研究会，日本理科教育学会所属。

著書

- 『理科の授業が楽しくなる本』（教育出版）
- 『なぜクラスじゅうが理科を好きなのか──全部見せます小3理科授業』（教育出版）
- 『なぜクラスじゅうが理科のとりこなのか──全部見せます小4理科授業』（教育出版）
- 『なぜクラスじゅうが理科に夢中なのか──全部見せます小5理科授業』（教育出版）
- 『なぜクラスじゅうが理科を得意なのか──全部見せます小6理科授業』（教育出版）
- 『子どもを自立へ導く学級経営ピラミッド』（明治図書）
- 『スペシャリスト直伝！理科授業成功の極意』（明治図書）
- 『プロ教師の「子どもを伸ばす」極意』（明治図書）
- 『プロ教師直伝！授業成功のゴールデンルール』（明治図書）
- 『若い教師の成功術』（学陽書房）
- 『必ず成功する！学級づくりスタートダッシュ』（学陽書房）
- 『必ず成功する！授業づくりスタートダッシュ』（学陽書房）
- 『仕事の成果を何倍にも高める　教師のノート術』（黎明書房）
- 『学級担任が進める通常学級の特別支援教育』（黎明書房）
- 『忙しい毎日を劇的に変える仕事術』（学事出版）　ほか多数。

たいくつな理科授業から脱出する本
──これだけは身につけたい 理科の授業技術──

2012年4月23日　初版第1刷発行
2016年1月15日　初版第3刷発行

著　者　大前暁政
発行者　小林一光
発行所　教育出版株式会社
　　　　〒101-0051　東京都千代田区神田神保町2-10
　　　　TEL 03-3238-6965　FAX 03-3238-6999
　　　　URL http://www.kyoiku-shuppan.co.jp

装丁・DTP　ユニット
印刷　モリモト印刷
製本　上島製本

© OMAE.Akimasa 2012
Printed in Japan
落丁本・乱丁本はお取り替えいたします

ISBN978-4-316-80309-8 C3037